Miguel de Unamuno

Sobre Latinoamérica

Barcelona **2023**
linkgua-digital.com

Créditos

Título original: Sobre Latinoamérica.

© 2023, Red ediciones S.L.

e-mail: info@linkgua.com

Diseño de cubierta: Michel Mallard.

ISBN rústica: 978-84-9007-823-5.
ISBN ebook: 978-84-9007-521-0.

Sumario

La lengua de América

La sangre del espíritu

La sangre de mi espíritu es mi lengua
y mi patria es allí donde resuene
soberano su verbo, que no amengua
su voz por mucho que ambos mundos llene.

Ya Séneca la preludió aún no nacida,
y en su austero latín ella se encierra;
Alfonso a Europa dio con ella vida,
Colón con ella redobló la tierra.

Y esta mi lengua flota como el arca
de cien pueblos contrarios y distantes,
que las flores en ellas hallaron brote de
Juárez y Rizal, pues ella abarca
legión de razas, lengua en que a Cervantes
Dios le dio el Evangelio del Quijote.

Salamanca, 10 de octubre, 1910.

Rosario de sonetos líricos, 1911,
en: *Obras completas*, VI, pág. 375.

La hermandad hispánica

Se ha comentado, y seguirá todavía comentándose por algún tiempo, el mensaje que, como la flecha que lanzaba el parto al retirarse del campo de batalla, puso el señor conde de Romanones[1] en manos de Su Majestad el Rey en el Consejo de ministros en que se terminó la última crisis política ministerial.

No vamos aquí a comentarlo sino en una parte de permanente interés. El mensaje nos parece, en general, bien, muy bien. Lo único malo de él es que sea de quien es, porque hasta a los más identificados con el sentido del documento se nos hace muy cuesta arriba creer en la sinceridad de quien lo redactó, y nos tememos que no pase de ser una habilidad más.

Pero vamos al caso que ahora y aquí nos importa. Dice, entre otras cosas, el documento:

«Pesa en mi ánimo otra consideración. España es depositaria del patrimonio espiritual de una gran raza. Aspira históricamente a presidir la Confederación moral de todas las naciones de nuestra sangre. Y esa aspiración se malogrará definitivamente si, en hora tan decisiva para lo futuro como la actual, España y sus hijas aparecieran espiritualmente divorciadas».

Podemos asegurar que estos párrafos no serán leí dos con simpatía allende los mares, en la América hispánica, en aquellas naciones de nuestra lengua —de ellos y de nosotros—, ya que lo de la supuesta comunidad de sangre implica muchas veces un problema peliagudo. Que démonos, pues, con lo de la lengua, que es claro y es histórico, y aseguremos que no serán recibidos con general simpatía esas palabras entre aquellas naciones a que nos obstinamos en tratar de hijas y no de hermanas. Y en civilidad, que es lo que importa, esa filiación es más que dudosa.

«¡Ingratos —nos decía una vez un compatriota refiriéndose a los portorriqueños—, después que descubrimos y conquistamos y poblamos aquello!» «¿Cómo —le replicó el que esto escribe— que descubrimos y conquistamos y poblamos aquello nosotros? Pues yo no me acuerdo de haber tomado parte en tales proezas». Y él entonces: «¡Bueno, nosotros no; pero nuestros abuelos». Y yo, a mi vez: «¡Los nuestros no, caballero, sino los de ellos!». Porque

---

1   Álvaro de Figueroa y Torres, conde de Romanones (1863-1950), servía varias veces como presidente del gobierno español bajo Alfonso XIII.

es indudable que los actuales hispanoamericanos, criollos y aun mestizos, descienden tanto o más que nosotros de los que descubrieron y poblaron sus tierras. Estos descubridores, conquistadores y pobladores fue ron padres de sus abuelos y tíos de los nuestros. Del mayorazgo, que se quedó aquí, descenderemos nosotros, o del que no pudo irse; pero del segundón, del aventurero que se fue, descienden ellos.

Y esto conviene no perderlo de vista.

España es depositaria del patrimonio espiritual de una gran raza. Pero ese patrimonio espiritual no es ningún inmueble, ninguna dehesa, ningún coto que esté ligado al solar en que nacieron los abuelos. El patrimonio espiritual puede muy bien atravesar los mares y nadie le tiene en depósito. Y hasta pudiera ocurrir que tengamos un día que ir a buscar civilidad hispánica, esto es, verdadera españolidad, espíritu de libertad y de independencia y de dignidad civiles encarnados en nuestra lengua, allá, a aquellas tierras de allende el Océano, donde las conciencias nacionales se fecundan mejor que aquí en conciencia internacional.

No; podemos asegurar que los más dignos y más conscientes espíritus de aquellos pueblos no reconocen eso del depósito del patrimonio espiritual de una gran raza en poder de la llamada madre España. Ese patrimonio, en cuanto queda, es comunal; lo disfrutamos en común con las naciones americanas hermanas —no hijas— de lengua de la nuestra. Y en lo que hace a la lengua misma, no admiten, y en ello hacen muy bien, monopolios de castidad. Hasta se da el caso de que entre los sabios, los verdaderos sabios de nuestra común lengua, figuren americanos, como Bello, Cuervo, Suárez, etc., en primera línea.

Nuevo Mundo, Madrid, 18 mayo, 1917, en: *Obras completas*, IV, págs. 1019-1020.

El pueblo que habla español

Es un fenómeno interesante el de la lucha por el idioma, combate obstinado y persistente. Los pueblos que se creen oprimidos por otros cultivan, para preservar su individualidad, sus privativos idiomas. Todo regionalismo empieza por manifestarse en la esfera lingüística. La primera victoria de los checos sobre los alemanes fue la de que se reconociese su lengua como oficial en el imperio austro-húngaro. Y, por otra parte, el paneslavismo, el pan germanismo y el anglosajonismo no son más que movimientos basados en la lengua. Trátase de reunir en grandes razas históricas, bajo una lengua común, a castas y pueblos cuya consaguinidad es más que discutible de ordinario.

Y aquí estamos el pueblo que habla español. Recluidos de nuevo a nuestra Península, después del gloriosísimo ensueño de nuestra expansión colonial, volvemos a vernos como Segismundo, vuelto a su cueva, según de cía Ganivet.[2] Y ahora es cuando nos acordamos de nuestra raza.

Mas esta nuestra raza no puede pretender consaguinidad; no la hay en España misma. Nuestra unidad es, o más bien será, la lengua, el viejo romance castellano convertido en la gran lengua española, sangre que puede más que el agua, verbo que domina el Océano.

¡Tierra!, así en robusta entonación castellana, *¡tierra!* debió ser la primera palabra que oyó silenciosa América al abrir se a nuestro mundo, y en el seno del verbo de que brotó esa palabra ha de fraguarse la hermandad española.

Tan hondamente lo han entendido así en América, que es allí donde más cuidado, acaso, se ha puesto en purgar al idioma castellano de toda corruptela. De allí salió Bello, nuestro más sesudo gramático; de allí, Caro, y

---

2   Compañero de generación de Unamuno, Ángel Ganivet (1865-1898), en su *Ideárium español* (1897), §C, reinterpretó *La vida es sueño*, de Calderón, donde «en un caso psicológico individual que tiene un valor simbólico universal, nos da el artista una explicación clara, lúcida y profética de nuestra historia. España, como Segismundo, fue arrancada violentamente de la caverna de su vida oscura de combates contra los africanos, lanzada al foco de la vida europea y convertida en dueña y señora de gentes que ni siquiera conocía; y cuando después de muchos y extraordinarios sucesos, que parecen más fantásticos que reales, volvemos a la razón de nuestra antigua caverna, en la que nos hallamos al presente encadenados por nuestra miseria y nuestra pobreza, preguntamos si toda esa historia fue realidad o fue sueño».

Cuervo y otros. Y allí, donde con tanto ahínco se ha estudiado al menudeo la tradición de nuestra lengua, allí apunta la labor de progreso sobre ella. Allí es donde la reforma ortográfica, medio de los más eficaces para pro mover el avance del idioma, halla más decididos cultiva dores, y allí es donde más se empeñan en movilizar nuestro tan petrificado romance. Ahí está Rubén Darío, a quien creen, y él también se cree, dudo que con razón, escritor poco o nada americano; es en gran parte un revolucionario del idioma por ver la realidad de manera poco castellana. El espíritu, procedente del verbo, al difundir lo e impulsarlo, lo transforma.

No hemos de ser nosotros quienes les demos todo sin tomar de ellos nada, ni pretendamos ser más descendientes que ellos de los intrépidos conquistadores. No hemos de pretender que el viejo romance castellano se difunda a tan dilatados países para ser sangre espiritual del pueblo que habla español sin que haya que tocar para ello a sus venerables tradiciones. Hay que ensancharlo para que llene tanta tierra. Su tradición de hoy fue progreso en un tiempo; tendamos a asentar en tradición viva nuestro progreso. Hay, en gran parte, que hacer el lenguaje de los pueblos de lengua española para que se pueda decir en él cosas que nunca todavía ha dicho. Basta coger un diario argentino, de aquel maravilloso país en que empieza a abrirse la raza española a nueva vida, para ver al punto multitud de neologismos y observar un corte y tono especial en el idioma que emplean. Y eso que lo más de aquella incipiente grandeza es inefable todavía; no ha encarnado aún en verbo vivo. Que el progreso sea progreso de tradición es lo indispensable, y por serlo, para revolucionar la lengua hay que zahondarle los redaños. Hay que cavada hasta el subsuelo para labrarla mejor.

Y así la raza. En América desarrollará la española, la raza histórica, la que tiene por sangre la lengua, potencialidades que aquí se ajan y languidecen atrofiadas a falta de uso. Y allí, a la vez, se enriquecerá y se complejizará nuestra habla, flexibilizando sus rígidos contornos. En tan vastos y variados dominios se cumplirá una diferenciación mayor de nuestra raza histórica, y la lengua integrará las diferencias así logradas. Italianos, alemanes, franceses, cuantos concurren a formar las repúblicas hispanoamericanas, serán absorbidos por nuestra sangre espiritual, por nuestro idioma, y dirán mi tierra, así, en robusta entonación castellana, al continente que oyó ¡tierra! como saludo del otro mundo. Y en ellos, en los españoles de América, aprenderemos a conocernos y a vivir acaso los que quedemos en el viejo solar de los abuelos, en «la pequeña España», a cultivar el pago de Alonso Quijano el Bueno.

Aquí no hemos luchado más que con los hombres, casi siempre, desde la épica Reconquista; de allí nos en señarán a luchar con la tierra. «Lucharemos con la naturaleza y la venceremos», dijo el gran Bolívar, aquel retoño de la fuerte rama vasca transplantada a América. Y si el pueblo que luchó con los hombres, el de Don Quijote, hizo el viejo romance castellano, el verbo de la pequeña España en que cantara proezas del Cid y hazañas de conquistadores de hombres, el pueblo que lucha con la naturaleza, el de Bolívar, nos impulsará a hacer la lengua española, el verbo del pueblo que hable español, el que elevará algún día himno robusto a la fraternidad humana, asentada sobre la naturaleza, a nuestra ciencia y nuestro poderío domeñado.

Hay que fraguar la gran lengua española o hispanoamericana, amigo Maeztu,[3] para poder cantar en ella cuando usted desea se cante; la flor de la cultura industrial y el goce de vivir libre de la gleba; hay que fraguarla para forjar con ella, luego, la letra a que acompañe como canto el fragor de las máquinas.

El Sol, Buenos Aires, 16 de noviembre, 1899, en: *Obras completas*: IV, págs. 571-573.

---

3   Era común, entre los miembros de la Generación del 98, dirigirse la palabra unos a otros en artículos y ensayos. Así, pues, el mismo Ramiro de Maeztu (1874-1936), ensayista y periodista, sabía que Unamuno le leía al describirle en un artículo del 18 de octubre, 1899, como a uno de «mis poquísimos amigos... artista de la idea, hasta anegar la vida en el pensamiento... cuáquero, asceta, montaraz» [ver sus Artículos desconocidos 1897-1904, recopilados por E. loman Fox (Madrid, Editorial Castalia, 1977), págs. 144-145]. Maeztu era entonces socialista y enemigo implacable del latifundismo español.

Lexicografía hispanoamericana

Dos mil setecientas voces que hacen falta en el Diccionario Académico
(Papeletas lexicográficas), por Ricardo Palma, académico correspondiente
de la Española. Lima, 1903.

He aquí un libro técnico en que el conocidísimo escritor peruano don Ricardo Palma nos presenta 2.700 voces que dice hacen falta en el *Diccionario de lengua española*, en el de la Academia, es decir, ¡Dos mil setecientas! ¡Si no fueran más!...

Hace ya tiempo que me preguntó un extranjero si no había un inventario de léxico castellano, esto es, una recopilación del mayor número posible de voces que se hallen en uso corriente, y hube de contestarle que no lo conozco. Porque el *Diccionario de la Academia* no es tal inventario, un registro en que se consigne el uso, sino que pretende ser algo así como un código del bien decir en que no se dé el pase a ciertos vocablos. Y es curiosa, según lo sé por quien tiene motivos de saberlo, es curiosa, digo, la manera con que los venerables ancianos que constituyen su mayoría defienden su criterio y resisten, con todas sus fuerzas, a la admisión de vocablos y neologismos. Afortunadamente nadie hace caso para escribir al *Diccionario* ese, ni se cuida de si una palabra ha sido o no admitida en él.

Nos dice el señor Palma que en 1895 dio a luz, con el título *Neologismos y americanismos*, un opúsculo en el que consignó poco más de quinientas voces que no se encontraban en el *Diccionario* y que son de uso corriente en América y muchas aún en España, y que en las Juntas académicas a que concurrió en Madrid en 1892 y 1893 propuso la admisión hasta de una docena de palabras que en su mayor parte fueron desdeñadas, por lo cual se retrajo de continuar proponiendo. Mejor fortuna tuvo su opúsculo, pues de los vocablos en él apuntados adquirieron lugar en la edición décimatercia —la última del *Diccionario* hasta ciento cincuenta y uno—. Y lo sorprendente es que estas voces, que al entrar en la edición 13.ª es porque no se hallaban en la 12.ª, son voces como *acaparar, agigantar, amordazar, aplomo, autonomista, carnavales, concienzudo, diagnosticar, embrionario, fusilamiento* y otras por el estilo.

El libro que hoy nos presenta el señor Palma es una obra meritoria; representa una cosecha de voces recogidas en dos años de labor paciente. Y las hay —las más de ellas— que son hoy corrientes en los países de lengua española y que las entienden todos los que la hablan. Sorprende, en efecto, que falten en el *Diccionario* voces como *abolicionista, aborricarse, acaparamiento, agónico, ajedrecista, alarmante, alcoholizarse, alienado, altruismo, amadamado, analfabeto, anestesiar, anexionar,* etc., etc.

En realidad, esto nada tiene de extraño ni de censurable, pues como un idioma no es caudal estático de voces, un número de ellas mayor o menor, sino que es un fondo que aumenta y se multiplica según leyes de derivación y analogía, propias de cada lengua, no es cosa de que se registren todas las voces posibles. No es la riqueza actual de un idioma, el número de voces que tenga en circulación; lo que debe tomarse en cuenta, si no su fecundidad, su poder de formar voces nuevas siempre que hagan falta. Vale más vivir de un capitalillo que nos dé un regular interés, que no tener que comerse una fortuna en porciones.

Por mi parte, cuando me hace falta un vocablo, lo compongo, procurando atenerme a los procederes espontáneos de la lengua, y si me lo entienden, me basta. Por eso, sin duda, en la voz neólogo después de decir el señor Palma que no lo es tan solo el que emplea neologismos, como dice la Academia, sino también el que los crea —la Academia quiso, sin duda, al decir el que los emplea, el que los crea—, añade: «Para mí el más fecundo neólogo del día, en esta segunda acepción, es Unamuno». Me atribuye, entre otras, las voces *chirigotizar* y *metafisiquear,* de la que dice haberse generalizado en América, y que uso mucho *ramplonería,* vocablo que puso a la moda en 1874 en el Perú el periodista político Becerra. ¡Claro que la uso mucho! Lo extraño es que no la registre la Academia cuando la cualidad por ella designada es la que más se topa en esta nuestra España de hoy, si no es que encontramos más otra cualidad, cuyo nombre tampoco registra, y es la *pedigüeñería.* Con repique de campanas dice en otro pasaje de su libro que debe admitirse el neologismo *fulanismo,* que también me atribuye. Yo agradezco al señor Palma el honor que me hace, pero debo decir, en descargo de mi conciencia, que en los más de los casos no sabría decir si invento los vocablos o si los oigo y los meto en mis escritos.

No es que yo invente más que otros, sino que tengo menos escrúpulos en usarlos por la idea que del idioma tengo, idea debida a los años que llevo estudiándolo. Muchos de los vocablos que el señor Palma señala como habiéndolos visto en mis escritos, son términos técnicos que traslado a nuestra lengua, y algunos, como *especialización* y *diferenciación*, son de uso corriente en nuestras obras científicas; otros —los que más me ha criticado un amigo— son voces que emplea el pueblo de esta región salmantina y aun de mucha parte del oeste y noroeste de España, tales como *mejer, remejer, cogüelmo, solombrío, perinchir, retuso* (una palabra ésta puramente latina y aquí en Salamanca muy en uso), *enfusar*, etc. Vocablo hay, como, v. gr., *cibanto*, escarpe o rápida des igualdad del terreno, corte del suelo a modo de escalón, que lo he oído aquí y me han asegurado manchegos y granadinos que se usa en sus respectivas regiones, y voz que se use aquí, en la Mancha y tierra de Granada, no puede decirse que sea regional. Me gusta más sacar voces del pueblo y enfusadas luego en mis escritos, que no ir a desentrijar arcaísmos de cualquier mamotreto del siglo XIV o XV, y es de esperar que la Academia, en vez de pagar voces que vayan entresacando de escritores, más o menos clásicos, pero ya difuntos, éste o el otro erudito, promueva el que se escarbe el habla popular de las diferentes regiones españolas y americanas y se aflore a la lengua escrita lo que vive y florece en la lengua hablada.

El señor Palma se ha dedicado a esto, a cosechar voces de las que empiezan a correr y usarse y no ha entrojado aún la Academia, y merece pláceme como buen meseguero que es de la lengua corriente y moliente, de la que se está haciendo minuto a minuto, y no solo del añoso lenguaje de los académicos que toman en serio el serlo.

La Lectura, año III, tomo III, Madrid, diciembre, 1903, págs. 537-539, en: *Obras completas*, IV, págs. 581-583.

Méjico y no México

Como en cuestión de lenguaje está visto que nada se pro paga más que lo pedantesco, ni nada hace más estragos que ese absurdo purismo que trata de detener la vida del idioma, no estará de más trabajar cuanto se pueda para atajar el daño.

Antes de ahora he tratado con cierta extensión de ortografía, que es uno de los campos donde más a sus anchas se explaya la pedantería libresca, y cada día recojo nuevos datos.

Ahora han dado nuestros periódicos por rendirse a la pedantesca manía mejicana de escribir *México*, y no hay quien lo evite. No sé por qué no imitan a aquellos de mis paisanos que escriben *Bizkaya* con tanta razón o tan poca, como *México* los mejicanos.

La tendencia natural de un idioma es a acercarse en su escritura a la ortografía fonética, y ya que no la adopte por completo, mediante una revolución, debe por lo menos no retroceder.

Todos escribíamos *Méjico*, y ahora nos salen con esa x, por aquello de que el vocablo deriva de una palabra azteca con sonido paladial representado por x en castellano cuando este idioma tenía tal sonido.

Pero por la misma razón habría que escribir *Guadalaxara*, *Xerez*, *dixo*, *xefe*, etc. No se ve qué privilegio ha de tener México para adoptar en él una ortografía pseudo-etimológica, cuando en castellano domina la fonética.

¿Qué hay en el fondo de esto? Lo mismo que en el fondo del *Bizkaya* de mis paisanos. La cuestión es dar al vocablo cierto aire exótico y extraño para expresar así cierto prurito de distinción e independencia. Por lo visto, son menester la *B* y la *k* de *Biskaya* para recuerdo de que el vascuense es un idioma de distinta estirpe que el castellano y no emparentado por consanguinidad con él. Y de la misma manera han plantado la *x* los criollos mejicanos para que se sepa que el nombre de su nación —nombre privilegiado que se escribe de un modo y se lee de otro— es un nombre de origen indígena. Si se escribiera racionalmente Méjico, podría acaso correr peligro la clara conciencia de la personalidad nacional de la próspera república de Porfirio Díaz. Hay que distinguirse aunque solo sea por una *x*. Todo ello no pasa, después de todo, de un desahogo infantil.

Santo y bueno que los mejicanos quieran dar distinción ortográfica al nombre de su patria; pero no sé por qué les hemos de imitar los españoles, que hace tiempo dejamos de escribir con *x* aquellas voces en que, como en México, representaba un sonido originariamente paladial (una especie de ch francesa). ¿Ha de ser Méjico más que Guadalajara en esto? Sobre todo, igualdad ante la ley.

Nada mejor que estrechar cada día más los lazos espirituales entre las naciones todas de lengua española, y estrecharlos sobre la base del idioma común ante todo; pero esta labor ha de hacerse con racionalidad, y no atendiendo a caprichos pueriles.

Quede para la Real Academia el atiborrar su Diccionario de *palabras* guaraníes, aztecas, toltecas, chichimecas, quichuas, charrúas, araucanas o lo que sea.

Es en América precisamente donde más se trabaja por la reforma nacional de nuestra ortografía en sentido fonético, que es el más científico.

Yo creo que hay que hacer la lengua española o hispanoamericana sobre la base del castellano, pero es combatiendo tendencias como la que se manifiesta en el humildísimo hecho de la x de Méjico.

Madrid Cómico, 28 de mayo, 1898, en: *Obras completas*, IV, págs. 569-570.

Lecciones de historia americana

Sobre la argentinidad

En mi correspondencia anterior, primera de las que dedico al libro de Ricardo Rojas, *La restauración nacionalista*,[4] libro henchido de sugestiones, usé de dos palabras que ignoro si han sido o no usadas ya, pero que ciertamente no corren mucho. Son las palabras «americanidad» y «argentinidad». Ya otras veces he usado la de «españolidad» y la de «hispanidad». Y los italianos emplean bastante la voz *italianita*.

Fue leyendo al gran historiador y psicólogo portugués Oliveira Martins cómo me hirió la imaginación la voz *hombridade*, que aplica a los castellanos. Tenemos, es cierto, la voz hombría en el giro «hombría de bien»; pero «hombridad» me pareció un hallazgo. No es lo mismo que humanidad, voz que, siendo de origen erudito, se halla estropeada por aplicaciones pedantescas y sectarias. Y no es tampoco uno de esos terribles terminachos que huelen a secta y a doctrina abstracta. Hombridad es la cualidad de ser hombre, de ser hombre entero y verdadero, de ser todo un hombre. Decir, pues, de uno que tiene hombridad, equivale a decir de él que es todo un hombre. ¡Y son tan pocos los hombres de quienes pueda decirse que sean todo un hombre!

Al hablar, pues, de americanidad o de argentinidad, quiero hablar de aquellas cualidades espirituales, de aquella fisonomía moral —mental, ética, estética y religiosa— que hace al americano americano y al argentino argentino. Y si no me engaño, a eso tiende la labor de Rojas: a sacar a flor de conciencia colectiva la argentinidad, para que se robustezca y defina y acreciente al aire de la vida civil y de la historia.

Rojas, continuador de la obra de los Sarmiento, Alberdi, Mitre y otros grandes conductores de su pueblo, cita aquellas palabras del primero de éstos: «¿Somos nación? ¿Nación sin amalgama de materiales acumulados, sin ajustes ni cimiento? ¿Argentinos? Hasta dónde y des de cuando, bueno es darse cuenta de ello».

---

4   Sobre este libro, con el subtítulo Informe sobre educación (Buenos Aires, Ministerio de justicia e instrucción pública, 1909), Unamuno ya había escrito en un artículo de marzo de 1910 titulado, «Educación por la historia», publicado en *La Nación* de Buenos Aires y recogido en *Obras completas*, III: 537-542.

Y aquí un alto.

Es fácil que alguno de mis lectores criollos, sobre todo algunos de los que están tocados de la «ironía canalla» de que Rojas nos habla, imaginándose que estoy macaneando, me interrumpa por lo bajo, diciéndome: «Pero, ¿y a usted quién le da vela en este entierro?», o en el giro correspondiente que ahí se use. A usted —se dirá—, ¿qué le va ni le viene en este pleito? Voy a ello.

Aquí podría yo, en propia apología, presentar los memoriales que me acreditan como uno de los pocos, de los poquísimos europeos que se han interesado por el conocimiento de las cosas de América, y algunos de esos memoriales podría sacarlos de la obra misma de Rojas, que me sirve de tema para estos mis actuales comentos.

Tiene mucha razón Rojas cuando acusa a los europeos de poca curiosidad cosmopolita, y cuando, no sin cierto dejo de molestia, se queja de que por acá, por Europa, haya gentes que pasan por cultas, que apenas si saben hacia dónde cae Buenos Aires. Esto es muy cierto, y es tanto más cierto cuanto el país europeo sea más adelantado.

Puede asegurarse que en ciertos respectos el máximo de ignorancia alcanzan las clases medias, la burguesía de la cultura en París, Londres y Berlín. La incipiencia del parisiense de buena cepa, respecto a lo que pasa más allá de Batignolles, es proverbial. Lo reconocen ellos mismos y hasta se jactan de semejante cosa.

Creo ser una excepción a esa incuriosidad europea. No solo me han interesado y me interesan las cosas de América, sino que soy una de las excepciones a la profunda ignorancia que aquí reina respecto a la historia, literatura y arte de Portugal. Esta mi incurable plurilateralidad de atención, este espíritu curioso por todo lo que en todas partes pasa, me llevó a aprender danés —o noruego, que es lo mismo— para poder leer sobre todo a un hombre, a Kierkegaard, y he estado a punto de aprender rumano para leer a otro. Y de cada país me interesan los que más del país son, los más castizos, los más propios, los menos traducidos y menos traducibles.

(...)

Y así, de los escritores y pensadores argentinos he buscado, no a esos sociólogos traducidos, o a esos poetas en un tiempo modernistas, y hoy no sé qué, que me dicen mejor o peor, lo mismo que estoy harto de oír aquí, sino a aquellos más de la tierra, más verdadera mente nativos, pero nativos de verdad, y no tampoco por modo de criollismo literario y macaneante, a aquellos que me revelan la argentinidad latente. Y he aquí por qué he sido tan devoto lector y tan entusiasta panegirista de Sarmiento.[5] Sin mucha eficacia aquí.

Sin mucha eficacia, repito. A raíz de una conferencia que di en el Ateneo de Madrid, y en que hablé como suelo siempre hacerlo del gran Sarmiento, surgió entre algunos jóvenes ateneístas la idea de dirigir a la Junta de aquel Centro de cultura una instancia pidiendo que adquiriera para su biblioteca las obras de aquél. Y no debieron de haberse adquirido, por cuanto al ir a dar, uno o dos años después, una conferencia en aquel mismo Centro Rojas, tuvo que procurarse el *Facundo*, los *Recuerdos de provincia* y los *Viajes* de mi librería particular, pues en Madrid no pudo obtenerlos. Hace pocos días ha pronunciado un discurso en ese mismo Centro, Belisario Roldán: ha sido estrepitosamente aplaudido, y la prensa toda se ha deshecho en elogios a su elocuencia. En ese discurso habló de Sarmiento, según mis noticias, con la conmovida devoción con que debe hablar todo argentino de aquel genio a quien tantas veces se le trató de loco en vida por la ironía canalla. Pues bien, os aseguro que no ha conseguido Roldán el que uno solo de sus oyentes se haya decidido a pedir una siquiera de las obras de Sarmiento.

Además —y vaya esto por vía de digresión—, es tan difícil encontrar aquí libros americanos... Y la gente que no se molesta. Por recomendación mía ha habido quienes han buscado en las librerías de Madrid las *Conferencias y discursos* del gran poeta-orador Zorrilla de San Martín y el libro *Ideas y observaciones* del gran pensador y pedagogo Vaz Ferreira, orientales ambos, y al no encontrarlos, no han hecho gestión alguna ulterior para procurárselos.

---

5   Un panegírico en este sentido salió en *La anarquía literaria*, Madrid, julio, 1905 (recopilado en las *Obras completas*, IV, págs. 903-906). Se trata de un Sarmiento «intrahistórico» y épico en sus descripciones, y a quien prefiere Unamuno entre cuantos escribieron castellano en el siglo XIX.

Ahora sí, parece como que aquí escritores, políticos, literatos y artistas agitan un poco más eso de la fraternidad hispanoamericana y hablan de la comunidad de la raza, pero no les hagáis caso. Conozco a mi gente. En el fondo se trata de egoísmos mercantiles. Dicen que ahí hay campo; dicen que tal o cual se ha traído tantos y cuantos miles de pesos; dicen que nuestros dramaturgos y saineteros empiezan a cobrar trimestres de América; dicen que ése tiene que ser nuestro mercado de libros; dicen que lo que importa es calzarse alguna corresponsalía en un diario americano, que son los que pagan. Y de todo eso de la confraternidad, la mitad es macaneo.

Y esto os lo digo yo, yo, que por lo que hace a mi pluma, vivo más de la América que de España, y os lo digo con este noble cinismo y con esta que dicen mi displicencia, que me ha rodeado de una protectora mu ralla de antipatía; os lo digo yo, el egoísta, según los otros. Y os lo digo porque estoy harto de farsas ahí, aquí y en todas partes.

Y volviendo a mi tema —si es que le tengo y no es esto una sarta de reflexiones sin cuerda—, os diré que la argentinidad me interesa porque mi batalla es que cada cual, hombre o pueblo, sea él y no otro, y me interesa además como español recalcitrante y preocupado de mantener aquí la españolidad.

Al fin del informe que me pidió Rojas, y que en su obra inserta, informe en que hacía yo constar que ahí, en la Argentina, empiezan a dar fruto gérmenes que siendo muy castizos y peculiares nuestros, aquí se han malogra do, y en que decía cómo estoy convencido de que cuan do se quiera ver la historia en argentino, en nativo, se acabará por verla en español; al final de este informe escribe Rojas: «Cree el señor Unamuno que cuando los argentinos veamos nuestra propia historia en argentino concluiremos por verla en español, y yo creo que cuan do los españoles la vean con esa clarividencia terminarán por verla en argentino, coincidiendo unos y otros en sus apreciaciones». Conformes de toda conformidad.

Lo que Rojas escribe sobre la pedagogía de las estatuas es acertadísimo. Es verdad, las estatuas de Garibaldi y de Mazzini —y lo mismo diría si se tratase de las de Castelar o de Riego— parecen decir a sus paisanos: «No venís a una patria, sino a una colonia». (Son palabras de Rojas). Y luego tiene mucha razón al añadir que «en cuanto a Garibaldi y Mazzini, su significado es actual y político, grande dentro de Italia, pero fuera de Italia depresivo para nosotros, o reducido a las proporciones de una época o de un partido». Y tiene razón, mucha razón, en decir que como testimonio de fraternidad correspondíale ese honor al Dante, «símbolo de la Italia nueva y de la vieja y de la italianidad imperecedera». Y todo lo que luego escribe Rojas sobre Garibaldi y sobre Mazzini —y cuenta que éste es uno de los hombres a quien más admiro— es de una gran justeza. Pero es que el Dante está por encima de los entusiasmos sectarios; es que el Dante fue católico; en el más noble, más alto, más imperecedero y más hondo sentido de la catolicidad. Fue católico y gibelino.

¿Y nosotros, los españoles? Como homenaje de fraternidad debería bastarnos con la estatua de Cervantes, el creador del Quijote, que es tan americano como español. Y luego, con que se cumpliese el voto de Rojas de que sobre el pedestal en que hoy se alza ahí Mazzini se alzase Juan de Garay, ¿para qué queríamos más? Porque Garay, que fue español y muy español, doblemente es pañol por ser de sangre vasca, no es de colonia, sino que es el nexo entre la españolidad y la argentinidad, que en su fondo primitivo ha brotado de aquélla.

Todo cuanto Rojas escribe de la necesidad de argentinizar a la Argentina frente a las colonias es de una justicia evidente. Yo lo traduzco a nuestro problema es pañol y veo su justicia. Las palabras del inspector general don Víctor M. Molina, dirigidas al ministro Wilde, y que en la página 317 de su obra reproduce, son acertadísimas.

Y muy bien, muy bien, muy bien, lo que sobre la limitación de la libertad de enseñanza en provecho de los altos intereses patrios escribe. Es también aquí mi batalla; es mi constante predicación. Y creo haber contribuido no poco a una cierta reacción en sentido estadista, de suprema imposición del Estado, que aquí entre los liberales empieza a notarse, a una reacción en favor del Estado docente.

Aquí, aunque mucho menos que en la Argentina, dada nuestra mayor homogeneidad, también es la es cuela privada factor de disolución nacional, en cuanto lo es de fanatismo, sea católico, sea laico.

La restauración nacionalista con que Rojas sueña, como toda restauración nacional —y aquí la nuestra, la española, tan amenazada por lo torcidamente que se entiende eso de la europeización—, tiene que empezar por la escuela, la escuela debe ser ahí la cuna de la argentinidad, como la escuela debe aquí ser la cuna de la españolidad.

Y en la argentinidad es donde tiene que buscar la Argentina su universalidad. «No olvidemos —escribe Rojas— que si el país ha abierto sus puertas al extranjero ha sido por un doble movimiento de patriotismo y de solidaridad humana: necesitábamos crear económicamente la nacionalidad, cuya conciencia ya existía en tiempos de la Constitución, y entregar, en generosa compensación, la tierra virgen al trabajo humano. Pero nosotros no abrimos las puertas de la nación al italiano, al francés, al inglés, en su condición de italiano, de francés, de inglés; se las abrimos en calidad de «hombre» simplemente. Cuando ese hombre que invoca sentimientos de solidaridad humana al llamar a nuestras puertas conviértese, después de haber entrado, en campeón de sus prejuicios políticos de italiano, de francés o de inglés, ese hombre traiciona nuestra hospitalidad». Esto está muy bien, muy bien, muy bien. Y nótese que lo que moralmente no le es lícito ni al italiano, ni al francés, ni al inglés, ni al es pañol, es convertirse ahí en campeón de los prejuicios políticos de su país, no de su italianidad, galicanidad, anglicanidad o españolidad en lo que éstas tienen de eternas, de culturales y no de políticas. El fuerte contingente italiano de la República Argentina ha podido y debido llevar algo de la italianidad eterna a la argentinidad, pero habrá de llevarlo en argentino. En argentino, tanto en lengua como en espíritu.

Aún quedan en las obras de Rojas otros puntos que merecen ser dilucidados, como es el referente al estudio de la lengua y de su gramática. Pero éste merece capítulo aparte.

La Nación, Buenos Aires, 11 de marzo, 1910, en: *Obras completas*, III, págs. 543-547.

Mi visión primera de Méjico

Poético, verdaderamente poético, no es sino aquello que atesora pasado, lo que ha vivido y viviendo venció al dolor, lo que ha sufrido y sufriendo venció a la vida. A nuestras mismas previsiones del porvenir las vestimos con hermosura del pasado; es con los recuerdos con que construimos las esperanzas.

Y en nuestra pobre y corta vida solo tiene raíces de poesía lo que arraiga en la frescura de nuestras impresiones infantiles. De la capa de la niñez de nuestro espíritu toman savia nuestras visiones de consuelo.

Y Méjico, ese Méjico lejano, se pierde para mí, y al así perdérseme, se me agiganta en las brumas del alba de mi vida, cuando era el Sol de mi conciencia un Sol, recién nacido.

Mi buen padre fue lo que en mi tierra llaman un indiano. Salió jovencito de Vergara, su pueblo natal, y se fue a Méjico en busca de fortuna. Residió en Tepic. Y a su vuelta a mi país vasco casó y de este casamiento nací hace ya cuarenta y dos años. Y luego se murió mi padre dejándome huérfano a mis seis años.

De él apenas recuerdo; son inútiles mis esfuerzos para coger su imagen viva; no lo veo sino en retratos. Solo tengo un recuerdo que quiero contar.

Un día logré colarme en la sala de casa, una sala de respeto, con cuadros representando escenas del Antiguo Testamento —aún veo a Moisés sacando agua de la roca y con bolas de espejo, y en aquella sala estaba mi padre y un industrial francés hablando en la lengua de éste, y de cuán grande debió ser la impresión que me produjera oír hablar a mi padre en lengua para mí extraña, atestigua el hecho de que no logro representármelo sino en aquel momento. Debió de ser para mí algo como la revelación del misterio de la palabra.

Mi padre dejó una modesta biblioteca, en la que apacenté mi espíritu infantil. Y dejó no pocos objetos que recordaban a aquel Méjico lejano donde pasó su juventud, y de que oía yo hablar a menudo en casa.

Durante mucho tiempo ha servido de sobremesa en mi casa paterna un precioso poncho mejicano, de fino estambre y finos colores, recio y flexible.

Hay dos fisonomías que me son familiares desde que empezaron a grabarse en mi ente las caras de los hombres, y son el rostro barbudo de Abraham Lincoln, con su aspecto cabruno, y el rostro lampiño del indio Juárez, de quien oí decir no poco. Uno y otro seres míticos para mí, que se codeaban con los patriarcas de que el *Flauri* (Fleury) nos habla.[6]

Por singular coincidencia llegó a Bilbao, siendo yo un muchachuelo, una colección de figuras de cera de que me ha quedado imborrable recuerdo. Y de ella lo que más hirió mi imaginación fue el cuadro de la traje día de Querétaro: Maximiliano, Miramón y Mejía, de rodillas y con los ojos vendados, en el momento de ir a fusilarlos. Fue acaso mi primera lección de historia. Y en casa oí relacionar aquel cuadro tétrico, con el impasible rostro lampiño del indio Juárez.

He dicho que mi padre dejó al morir una modesta biblioteca. Eran pocos los libros, pero no mal escogidos. Y una buena parte de ellos provenían de Méjico, de don de los trajo al volver a su tierra nativa.

Allí había una *España pintoresca*, editada en Méjico, en cuyos grabados apacenté mis ojos, ávidos de curiosidades. Allí se representaban tipos de las distintas regiones españolas, y aún recuerdo el prestigio de lejana extrañeza que envolvía a los armuñeses, pongo por caso. Los tales armuñeses aparecíanseme algo así como los madianitas bíblicos, y no fue pequeña mi impresión cuan do al venir a esta ciudad de Salamanca me encontré, a sus puertas mismas, con armuñeses de carne, vivos y verdaderos. ¡Quién había de decirme en aquella edad de milagros que llegarían tiempos en que paseara a diario hasta dar vista a la llanada de la Armuña!

Entre aquellos libros había también una colección de poetas mejicanos, románticos todos, de versos lagrimosos llenos de palabras agudas y esdrújulas. Las llanas les disonaban, parece. Y había, sobre todo, entre aquellos libros —y allí está todavía, en casa de mi madre, en Bilbao— un ejemplar de la *Historia antigua de Méjico*, del padre Clavigero, empastado, aunque a la moderna, en pergamino. Y siendo un muchacho de doce años me engolfé en su lectura.

¡Qué extraño desfile por mi espíritu fresco y virginal el de aquellos aztecas, toltecas y chichimecas!, ¡en qué áurea nube de misterio y de fábula antigua venían envueltos en su marcha desde la leyenda hacia mí! Sabíame a algo bíblico, como los madianitas, amorreos o filisteos.

---

6   Alusión a Claude Fleury (1640-1723), *Catecismo histórico* (Madrid, Amarita, 1925).

¡Cuántas noches me engolfé en los relatos del buen padre respecto a los sacrificios al Sol, y en las leyendas de los viejos dioses mejicanos! Cuando más tarde, siendo ya hombre, vi en la oda imperecedera de Carducci levantarse rodeado de llamas lívidas, sobre su pirámide en las tinieblas tropicales, el dios Huitzilopochtli aullando a través del mar aquel terrible ¡ven! al nieto de Carlos V, de Habsburgo, parecía surgir de las nieblas cándidas de mi primera juventud.

¡Y aquellos grabados!, ¡aquellos jeroglíficos sobre todo! ¡Cuántas veces, al cansarme de leer, no los dibujé durante mis velas, mientras dejaba de lado los textos de estudio! Llegué hasta pensar en adoptar el antiguo calendario mejicano, porque el nuestro, este que usamos, ¡es tan conocido!... Y en lo que pensé *seriamente* fue en adquirir libros a propósito y aprender el azteca. ¡A los doce años...! Y menudo pisto me hubiera yo dado con ello. Porque francés, inglés, italiano y hasta caló, sabía cualquiera, pero... ¡azteca! Más tarde aprendí algo de uno de los lenguajes de los indígenas de la Australia occidental.

Estos peregrinos conocimientos en la historia precolombina de Méjico, unidos a otros no menos peregrinos, que me procuraba llevado a mi curiosidad por lo recóndito y extraño, contribuyeron, sin duda, no poco a la fama de raro de que ya por entonces empezaba a gozar entre mis compañeros de escuela. Y en las continuaciones a las novelas de Julio Verne, que improvisaba yo los domingos lluviosos y con los que entretenía a mis compañeros en la escuela, no faltaron prodigiosas aventuras en el Anáhuac y feroces combates de mis errantes héroes con aztecas, toltecas y chichimecas, con todo el colorido local que el buen padre Clavigero me proporcionaba.

Era una edad en que disfrutaba de la alegría de contar; la profesión no me la había aún marchitado. Mi imaginación respiraba libre, sana y al aire abierto de la fábula.

Y hoy, cuando leo cosas referentes a Méjico, sobre todo su antigüedad, envuélvenseme en perfumada bruma y de primera juventud, y por debajo de mi lectura suenan como acordes de lejanas armonías, los ensueños de mis doce años, de aquella bendita edad en que eran una la historia y la leyenda, y en que rizaban las aguas de mi espíritu brisas del oriente de los misterios.

Así es como mi padre me trajo de esa tierra en que aprendió a trabajar y a vivir, una fuente de extraña poesía, y así es como las raíces de mi visión de Méjico se entrelazan con las raíces de mis primeros ensueños.

Salamanca, 14 de enero, 1907.

Revista Moderna de México, febrero, 1907, en: *Obras completas*, VIII, págs. 234-236.

Huitzilipotzli y Chimalpopoca

Huitzilipotzli era el dios de la guerra, Marte de los antiguos aztecas de Méjico. Su templo o teocalli se alzaba en la capital del Anáhuac, en el Méjico precolombino, en el sitio mismo donde luego los españoles que llevó Hernán Cortés levantaron la catedral católica, dedicada a San Francisco.

Hablando de los dioses de los antiguos aztecas, Prescott, en su *Conquista de Méjico* —donde recogió y consignó los datos de nuestros historiadores de Indias dice así: «A la cabeza de todos ellos estaba el terrible Huitzilipotzli, el Marte mejicano; aunque sea inferir una injusticia al heroico dios de la guerra de la antigüedad al identificarle con este sanguinario monstruo. Era la deidad patronal de la nación. Su fantástica imagen estaba cargada de costoso ornamento. Sus templos eran lo más suntuoso y augusto de los edificios públicos, y olían sus altares con la sangre de humanas hecatombes en cada ciudad del Imperio. La verdad es que tuvo que haber sido desastrosa la influencia de semejante superstición sobre el carácter del pueblo».

Este dios terrible nació, según creían, de una devota mujer que al acudir al templo un día vio flotar en los aires una pelota de plumas de brillantes colores, la tomó y apechugó en su seno, y viéndose luego encinta, dio al mundo mejicano la terrible deidad, que llegó a él como Minerva, armada del todo, espada en la diestra, escudo en la siniestra y cresta de plumas verdes sobre la cabeza.

Respecto a la otra vida, que no es sino la sombra de ésta, proyectada al infinito, los antiguos aztecas, según Prescott, «imaginaban tres separados estados de existencia en la vida futura. Los malos, comprendiendo a la mayor parte de la Humanidad, tenían que expiar sus pecados en un lugar de eternas tinieblas. Otra clase, sin otro mérito que haberse muerto de ciertas enfermedades caprichosamente elegidas, habrían de gozar de una negativa existencia de indolente contento. El lugar más alto se reservaba, como en las más belicosas naciones, para los héroes que caían en la batalla o en el sacrificio. Pasaban de una vez a presencia del Sol, a quien acompañaban con cantos y danzas corales en su brillante marcha por los cielos, y después de algunos años iban sus espíritus a animar las nubes y los pájaros cantores de brillante plumaje y a regodearse entre las ricas florestas y perfumes de los jardines del paraíso».

Al monstruoso Huitzilipotzli se le ofrendaban, como es natural, sacrificios humanos, sobre todo cuando un nuevo monarca se sentaba en el trono del Imperio azteca. Antes proveíanse de cautivos de guerra, rodeados de los cuales hacían su entrada en la capital, coronándose el nuevo emperador entre la sangre de las víctimas humanas. Dícese que este rito de los sacrificios humanos no lo adoptaron los aztecas hasta principios del siglo XIV, unos doscientos años antes de la conquista española, que al principio fueron raros, extendiéndose luego, y que al fin apenas había festival sin esa liturgia de sangre.

Hacían subir a la víctima, coronada de flores, las gradas de la pirámide de Huitzilipotzli, quitábase la guirnalda y hacía trizas el instrumento músico con que había templado la mengua de la cautividad; recibíanle seis sacerdotes melenudos y, con ropas en que bordaban místicos jeroglíficos, llevábanle a la piedra sacrificatoria, enorme bloque de jaspe algo abombado; extendíanle en él; cinco de los sacerdotes le sujetaban la cabeza y los miembros, y el sexto, vestido de manto color de sangre, abría el pecho del desgraciado con el agudo filo de un cuchillo de *itzbi* —dura piedra volcánica— y, metiendo la mano en la herida, sacábale, palpitante aún, el corazón, lo blandía hacia el Sol y lo echaba luego a los pies del monstruo, mientras, postrada, la muchedumbre adoraba. Así fueron más de una vez sacrificados españoles prisioneros de guerra, como puede leerse en nuestros historia dores de la conquista de Méjuci.

Los pobres cautivos que eran sacrificados a la sanguinaria voracidad de Huitzilipotzli lo eran, claro está, contra su voluntad, pero esto no quiere decir que no hubiese víctimas voluntarias. Las había. Todos los Huitzilipotzlis de los Imperios todos, y no solo el del azteca, cuentan en su místico haber de sacrificios humanos con víctimas voluntarias. «Estimábase que el sacrificio humano no degradaba a la víctima —escribe Prescott—, sino que más bien la ennoblecía dedicándola a los dioses. Aunque tan terrible entre los aztecas —añade—, aceptábanlo a las veces voluntariamente, lo que les abría una segura entrada en el paraíso.» Chimalpopoca, tercer rey de Méjico, se condenó a sí mismo, con algunos de sus grandes, a la muerte para limpiar así, con sangre, una afrenta de un monarca hermano. No muy de otro modo solían los japoneses abrirse el vientre ante alguno que les hubiese afrentado.

¿Fue un héroe Chimalpopoca? ¿Fue un devoto creyente? ¿Admiraremos su valor ante la muerte que se recibe en plena salud y con entera conciencia? ¿Admiraremos su fe? Porque la fe en Huitzilipotzli es una fe también. Como lo es la que se puede tener en Luzbel o en Belcebú o en Mefistófeles y hasta en Pedro Botero. Y toda fe hace milagros. ¿Diremos de Chimalpopoca lo que el piadosísimo padre Croisset dice al acabar el relato de la formidable vida de San Simeón Estilita, y es que su vida es más para admirada que para imitada? En cambio, la divina vida del Cristo, con su sacrificio voluntario, se nos da para imitación. ¿Y cabe admirar lo que se declara que no debe ser imitado?

Sí; hay quienes, como Chimalpopoca, se sacrifican voluntariamente a un Huitzilipotzli cualquiera, y acaso sin la esperanza de ir a bailar y cantar en rolde al Sol o encarnar en canoros pájaros de deslumbrante plumaje para regodearse de luz y de música en las perfumadas florestas del último paraíso.

¿Era religión la de aquel Huitzilipotzli husmeador de sangre? No, no lo era, sino superstición. Y su culto no era culto, esto es, servicio y ministerio espiritual, sino liturgia, pura liturgia bárbara, sanguinaria y técnica liturgia. Porque la liturgia es al culto lo que la superstición a la religión; una escurraja, un poso, una saborra, o lo que un limón estrujado de su jugo.

Huitzilipotzli era un dios oficial del Imperio azteca, y se encuentra quienes sostengan que no tiene el individuo —el satánico yo, dicen, emborrachado de personalidad, que no es más que soberbia— que el individuo —que no es, según Natorp,[7] más que una abstracción, como el átomo—, no tiene derecho a oponerse, a fuero de sus ideas, a las creencias y a los sentimientos de los demás con sus liturgias consecutivas. Es decir, que al someterse el individuo a la colectividad ha de someterse también a los dioses de ella, aunque su pensamiento sea más espacioso que el de la masa. Se encuentra quien así piense. Y piensa así por no pensar y para no pensar.

Uno de esos que defienden cualquier superstición y liturgia colectivas, hasta las de los Huitzilipotzlis, me dijo hace poco aquello de: «¡Contra un padre no hay razón!» Y le contesté que sí, que puede haber razón contra un padre y contra una madre y contra una patria, y que la justicia, que es la

---

7   Paul Natorp (1854-1924), discípulo de Hermann Cohen, de la Escuela Neokantiana de Marburgo, y partidario de la pedagogía social en la política.

razón práctica, está sobre la patria, y que si yo tengo limpia y firme conciencia de que mi patria se lanza a una aventura injusta, no debo secundarla ni servirla. Porque una cosa es ser hijo de una patria y otra ser siervo de una nación. Y la nación puede no ser madre, ni aun madrastra, y sí solo capitana.

No; no se puede admirar a Chimalpopoca porque no se debe imitarle. No todos los sacrificios son admirables. Ni son mártires todos aquellos que así se llaman. Si mártir quiere decir testigo, y martirio testimonio, hay que ver qué es lo que atestigua el testigo con su sacrificio. Puede no atestiguar más que su propia insensibilidad o su propia estulticia. Hay quien se deja matar de puro muerto espiritualmente. O acaso por una tremenda voluptuosidad de muerte. Si es que no por darse en espectáculo. ¿No habéis oído de aquel que se suicidó en Buenos Aires para que su retrato saliera, como salió, en el semanario *Caras y Caretas*?

Hay otro problema, y es si Huitzilipotzli hace los Chimalpopocas, y si son los Chimalpopocas los que hacen a Huitzilipotzli, sin necesidad de que la pelotilla de brillantes plumas vaya al seno de la devota madre. El hombre, dice, necesita a quién sacrificarse. Tal vez; pero que se sacrifique a sí mismo, a su yo más profundo, a Dios, que habita dentro de cada uno de nosotros, y no en la colectividad, y que espaciando su pensamiento logre poner su conciencia como medida de la justicia de la patria.

Sobre las ruinas del *teocalli* Huitzilipotzli, de la ensangrentada pirámide, levantaron los españoles la catedral de Méjico, consagrada al dulce y puro Serafín de Asís. Pero Huitzilipotzli no ha muerto, ni allí ni aquí, y por debajo de nuestros templos incuban, como la brasa bajo las pavesas y la ceniza, sus llamas lívidas. Y de cuan do en cuando provoca terremotos. Entonces aparecen los trágicos chimalpopocas bárbaros.[8]

Los Lunes de El Imparcial, Madrid, 24 de julio, 1916, en: *Obras completas*, IV, págs. 621-624.

---

8   Cfr. también el artículo alegórico del 7 de diciembre, 1895, «Huitzilopochtli» (sic), donde el dios azteca simboliza las instituciones que esclavizan y explotan a las masas que, en cambio, las defienden con sus cuerpos: *Obras completas*, IX: 552-553.

El caballo americano

Alguna otra vez os he citado en estas correspondencias algo del *Manual de economía general popular*, de Gustavo Schmoller. Hoy voy a citaros algo más de él.

En el párrafo 56 (Libro Primero), hablando de la distribución de las plantas y los animales y su influencia sobre la economía de los pueblos, nos dice que la alimentación, el vestido y la calefacción del hombre depende de ellos. La mayor parte de la actividad económica del hombre es el adueñamiento de plantas y animales y el hacerlos servir a fines humanos, dice Schmoller. Lo que me recuerda aquello que decía un catedrático de Historia Natural al llegar a tratar del caballo: bendigamos, señores, al que primero domó al caballo, pues de otro modo la mitad de los hombres andarían todavía llevando a cuesta a la otra mitad. Y lo triste es que la domesticación del caballo no acabó, ni mucho menos, con la esclavitud.

Los hombres dependen, dice Schmoller, del número y la clase de las plantas y animales de que dispongan. Y entra a hacer indicaciones sobre la importancia de la fauna y la flora en la cultura.

El hecho de haber reducido a la domesticidad a caballos, toros, camellos, ovejas, etc., es, sin duda, uno de los hechos culminantes de la historia de la cultura. Y no hace falta ilustrarlo más.

El atraso de Australia —sigo citando a Schmoller— se debe a su miserable fauna del período terciario, y el de la América antigua, a falta de animales domésticos como la vaca, la oveja, el caballo o el camello, pues no tenían sino el perro y la llama, y no pudieron llegar ni a la industria lechera ni a la ganadería y, por lo tanto, a la vida nómada o seminómada, que es la que en virtud de emigraciones y de los choques que éstas producen entre los pueblos determinan el proceso de la cultura. «Aun hoy —añade el profesor alemán— las regiones occidentales del Asia y las africanas que adoptaron todos nuestros animales domésticos, habiendo llevado su economía sin ellos durante miles de años, han quedado, por su efecto, económicamente más pobres».

Después de leído y considerado todo esto vínoseme al punto a las mientes lo que el instrumento mayor de cultura que aportaron a América los españoles que la descubrieron, conquistaron y poblaron, fue llevar los animales domésticos. Cuando nuestros conquistadores arribaron a esas tierras se impusieron a los indios y más aún que por las armas de fuego por los caballos que montaban. Apareciéronseles como unos centauros.

Pero bien pronto se adueñaron los indígenas del caballo, y ¡de qué manera!

Entre las muchas cosas, algunas muy hermosas, que se han escrito en América en alabanza del caballo, se me vienen a las mientes las que escribió Sarmiento, y sobre todo aquella respuesta que el Chacha (Ángel Vicente Peñalosa), el jefe que fue de los «montoneros», dio en Chile a uno que le preguntaba cómo le iba: «¡Cómo me ha dir, amigo! ¡En Chile y a pie!».

Recordé cuanto en los escritos gauchescos he leído sobre los «patones», los que no saben montar a caballo y el desprecio que por ellos sienten los jinetes.

Y recordé, sobre todo, aquellos hermosísimos párrafos que Juan Zorrilla de San Martín, el poeta oriental, dedicó al caballo de Lavalleja en el grandioso discurso que pronunció en la plaza de la ciudad de Minas el 12 de octubre de 1902, al inaugurarse la estatua ecuestre del héroe uruguayo general Juan Antonio Lavalleja, discurso que figura en sus *Conferencias y discursos*.

Después de contar cómo al encontrarse los Treinta y Tres en las playas de la Agraciada con sus caballos se abrazaron al pescuezo de los animales besándolos como si fuesen sus queridas, añade: «¡Oh!, y lo eran, señores; era mucho más que eso; los generosos animales tenían que ser casi una parte integrante de aquellos hombres, porque ellos eran los centauros de la patria, que debían dominar como señores la extensión de nuestras sagradas colinas; y porque ellos eran la libertad americana, la libertad a caballo».

Hoy ya la libertad americana va más al vapor que a caballo, pero, sin duda, el caballo contribuyó a fundarla. En otro de sus discursos tiene Zorrilla de San Martín, con su elocuencia también a caballo, frases espléndidas acerca del hombre centauro de América.

Los españoles llevaron a la América caballos, y los hijos de estos caballos habían de ser con el tiempo los que sirviendo a los hijos de ellos, de los españoles, lucharan por la independencia. Díganlo los gauchos de Güemes en la Argentina y los llaneros de Páez en Venezuela. La caballería fue el nervio de las guerras de la independencia americana.

Aquellos caballos eran descendientes de los caballos que los conquistadores y pobladores españoles llevaron allí; pero también los hombres que los montaban eran, en general, descendientes de los que montaron aquellos primeros caballos emigrantes.

Siempre que durante la guerra de Cuba oía tachar de ingratos a los cubanos y repetir aquello de «después que nosotros los descubrimos y civilizamos», replicaba yo a quien tal dijese: «ignoraba, señor mío, que usted hubiese descubierto, conquistado, poblado o civilizado América, y siempre he creído, aunque acaso me equivoque, que los americanos son tan descendientes de los españoles que descubrieron, conquistaron, poblaron y civilizaron aquello, que nosotros por lo menos, si es que no más, como me atrevo a sospechar, con permiso de usted».

Dice un amigo mío que sería un experimento curioso el de llevar a un pueblo del centro de África donde no haya llegado la influencia del blanco —si es que tal pueblo existe ya— o al fondo de la cuenca del Amazonas toda clase de instrumentos y máquinas nuestras, locomotoras, máquinas de vapor, telégrafo, teléfono, foto grafía, escritura, etc.; enseñarles el manejo de todo ello sin darles la menor noticia de nuestras ciencias, artes, ideas religiosas, etc., y ver lo que hacían. La ocurrencia de mi amigo es una inocentada, pues todo el mundo sabe lo que harían. Convertirían por algún tiempo esas cosas en juguetes y las arrinconarían luego. Excepto las armas de fuego y el alcohol. Es cosa que se ve a diario. Pero de lo que no me cabe duda es de que la introducción del caballo fue en América mucho más eficaz que la introducción del Evangelio para modificar las costumbres y el modo de ser de los indios. Un argentino amigo mío, muy inteligente y muy agudo, me decía una vez: el caballo acabó con el indio, entronizando al gaucho y el alambrado ha acabado con el gaucho.

Y esto del gaucho me recuerda lo que escribí hace ya trece años acerca de él y a propósito del *Martín Fierro*, que fue por entonces una de las lecturas que más me impresionaron. Impresionóme por la profunda, ahincadamente español que encontré todo aquello. Me parecía respirar el ambiente mismo que se respira en nuestros viejos romances fronterizos, en aquellos en que se canta las luchas de los cristianos contra los moros en las fronteras de las tierras de unos y de otros.

Y entonces comprendí que así como el caballo americano, lo mismo que el toro, que corre libre por montes y llanos, no es el caballo salvaje, sino el caballo cimarrón, el caballo doméstico vuelto a la vida bravía y salvaje, así también el gaucho no era hasta cierto punto más que el español cimarrón, que al volver a encontrarse en condiciones de vida análogas a aquéllas en que se encontraron sus antepasados en los tiempos en que luchaban con el moro, volvió a sentir y a pensar como ellos pensaban y sentían, y hasta volvió a hablar de una manera muy parecida a como ellos habían hablado.

El gaucho fue, con las naturales diferencias que la diferencia de suelo y clima lleva consigo, un caso de atavismo. La influencia de la sangre india, del mesticismo, creo que fue muy pequeña en él, así como en su caballo no pudo haber una influencia análoga, pues no sé que en América hubiese solípedo alguno con el que pudiera cruzarse y dar híbridos nuestro caballo.

El caballo, lo más puramente europeo, mejor dicho, lo más puramente español que había en América fue, sin duda, uno de los elementos que más dio a cierto regiones americanas el carácter que llegaron a ostentar.

—¿Y los descendientes de los vascos allá en aquellos campos de América por donde usted ha andado? —le preguntaba una vez yo a un paisano mío —vasco como yo— que volvía de esas tierras. Y me respondió lacónicamente: —Son vascos de caballería. Y me lo explicó todo.

En mi país vasco apenas se usa el caballo, que, además, no sería de gran utilidad por aquellas montañas. Nosotros los vascos, montañeses, somos buenos andarines, y una raza más ágil aún que fuerte, aun siendo fuerte. Voltaire decía que los vascos somos un pueblo que se pasa la vida saltando en el Pirineo. Y el hecho es que la cualidad física que más sobresale en mis paisanos es la agilidad. Agilidad que cuando se traslada del cuerpo al espíritu puede dar nuevos frutos.

En cierta ocasión le decía yo a Maeztu: «Mire usted, amigo Ramiro, nosotros somos un pueblo ágil, ágil sobre todo; excelentes jugadores de pelota. Y así como otros juegan con pelotas de goma, nosotros jugamos con ideas; cuando se nos revientan, cogemos otras. Porque lo importante no son las pelotas, sino las jugadas que se pueden hacer con ellas y el desarrollo que dan al cuerpo; y lo importante no son las ideas, sino las jugadas que con ellas se pueden hacer y el desarrollo que dan al espíritu. Y he aquí por qué estos pueblos de jinetes nos tienen por paradojistas».

En mi país, repito, apenas se usa el caballo y a lo sumo monta el aldeano en un burriquito para ir de una parte a otra, pero en general anda a pie. Lo quebrado del terreno y las pequeñas distancias que de ordinario tiene que recorrer, debido a la densidad de la población, le dispensan de tener caballo. En cambio, apenas puede vivir sin vaca. La heredad que labra está en derredor de la casa. Y todo esto y lo poco que ordinario se mueve en el relativo aislamiento en que ha vivido durante siglos, en su caserío, han modelado su carácter tanto para bien como para mal. Y he aquí por qué al decirme que el prendí al punto toda la trascendencia de la frase y todo lo que esa novedad ha tenido que aportar al carácter de mis paisanos. Y así me expliqué a ciertos gauchos de apellido vasco.

A la importancia del cambio que el uso de cualquier animal doméstico tiene que introducir en la economía y, por lo tanto, en las costumbres y en el carácter de un pueblo, se une en el caso especial del caballo que éste es un medio de locomoción que acorta las distancias. Y es conocida la importancia de este factor en la cultura, importancia que ha ilustrado recientemente Wells en su libro *Anticipations*.[9] La legua, es decir, la hora de camino, es más larga para el jinete que para el peatón, o si se quiere, más corta, según la que se tome por término de cotejo.

Schmoller atribuye el atraso de la América precolombina —la leyenda de las tan mentadas cuanto fantásticas civilizaciones azteca, quechua y alguna otra se va desvaneciendo o, por lo menos, reduciéndose mucho— a la falta de animales domésticos, que no permitió a aquellos pueblos aborígenes americanos pasar de la vida de cazadores o merodeadores a la de pastores nómadas, con todas las consecuencias que el nomadismo trae consigo.

Muchas veces se ha hecho resaltar, y por ingenios de nota, la diferencia radical entre los pueblos pastores y los pueblos agricultores, aunque aquéllos pasan a éstos. Y en el Génesis ha quedado esta diferencia estereotipada en la leyenda famosísima de los dos hijos de Adán; Abel, el pastor, y Caín, el agricultor, que mató a su hermano por envidia de su virtud. La leyenda

---

9   H. G. Wells, *Anticipations of the Reaction of Mechanical and Scientific Progress upon Human Life and Thought* (Nueva York y Londres: Harper E. Brothers, 1902).

procede, como se ve, de un pueblo de pastores, cual era el pueblo israelita; pero la experiencia nos ha enseñado que los abelitas no son mejores que los cainitas, y hay quien supone que si Caín no hubiese matado a Abel, es muy fácil que hubiera muerto a manos de éste.

En cualquier libro bueno de historia de la civilización, y aun en historias particulares —en la Historia del pueblo de Israel, de Renan, pongo por caso—, puede leer el lector las consecuencias que lleva consigo la vida del pastoreo nómada. Yo creo que es uno de los elementos para comprender nuestra historia de España, y así lo expuse en el prólogo de mi *En torno al casticismo*, que es un intento de estudio del alma castellana. La trashumancia de los ganados —de las ovejas— desde los campos meridionales a las montañas del norte de España y todo el régimen que traía consigo, con sus cañadas, su concejo de la Mesta, etc., es uno de los hechos más trascendentales de nuestra historia. Abrigo la creencia de que la expulsión de los moriscos, hecho tan preñado de consecuencias en nuestra historia, se debió al odio y la envidia de los abelitas contra los cainitas. En el fondo de no pocas de las disensiones que hoy nos desgarran veo lo mismo. Hay en España regiones enteras que aunque hoy cultivan los campos y lleven la esteva del arado, son de tradición pastoril, siendo la agricultura en ellas cosa pegadiza y sin raíces, mientras hay otras más genuinamente agrícolas. Agricultura y mucha agricultura hay en Castilla, y Castilla es, sin embargo, con Andalucía, un país de tradición pastoril, abelita, mientras Cataluña y Valencia son de tradición agrícola, cainita. No hay dos cosas más opuestas entre sí que el vaquero y el huertano.

Y el que primero monta es el pastor, el pastor a caballo, el vaquero que sobre su pingo y garrocha en mano acompaña a su vacada.

Ahora al pobre caballo lo están arrinconando, tal vez redimiendo, los diferentes vehículos movidos por el vapor o la electricidad. Hay quien cree que dentro de poco lo dedicaremos a cebarlo para comérnoslo, y hay, por el contrario, quien opina que le están reservados nuevos y más nobles destinos. El día menos pensado se descubre un uso del caballo que ni siquiera habíamos sospechado.

Tantos siglos de convivencia

y de mutuos servicios tienen que hacer que el hombre no pueda mirar sin cierta tristeza el ocaso de la caballería. Cuesta mucho despedir o jubilar a un viejo y fiel criado. Y es natural que al tener que jubilar al caballo se tienda a hacerlo de la manera que le sea más honrosa.

Un pensador ha dicho que la belleza es ahorro de utilidad, o sea que aquello que hoy es bello fue útil en un tiempo y su belleza no es sino el recuerdo inconsciente de su utilidad pasada. Esto me parece bastante acertado a condición de completarlo diciendo que la belleza es ahorro o promesa de utilidad, que lo bello es algo que fue útil o que lo será y que lo fue o lo será por el respeto mismo porque es bello. Y he aquí cómo la belleza del caballo puede aumentar cuando deje de ser útil y ser a la vez prenda de una utilidad futura. El caballo ha de ganar como animal de lujo.

Ved a qué serie de consideraciones puede llevar nos la meditación de la suerte que al caballo le está reservada.

Y para concluir he de deciros que no me atrevo a decir que sea yo uno de los peores jinetes que se pueda conocer, por la sencilla razón de que no soy jinete. Nunca he pasado a este respecto de ser un buen vasco patón, pero buen andarín en camino.

Salamanca, junio de 1907.

La Nación, Buenos Aires, 14 de julio, 1907, en: *Obras completas*, IV; págs. 912-914.

Don Bartolomé Mitre, español

¿La figura del general Mitre desde el punto de vista de España? Ni el que estas líneas traza podía dar una impresión —que no juicio— de la obra cultural de don Bartolomé Mitre y Martínez sino contemplándola desde un punto de vista español. Quisiéralo o no, a sabiendas o sin saberlo. Que como Mitre mismo apenas si ha salido de tierra en que se piense, y, por lo tanto, se sienta, en lengua española. Pero esta impresión —no juicio, repetimos— sobre el espíritu de la labor histórica del gran república republicano argentino se va a trazar desde la Nación española y no desde el Reino de España y tampoco por un súbdito de éste, sino por un español. Y al buen entendedor basta.

No tenemos por qué hablar de la política de Mitre, que no tuvo en lo internacional que rozarse con la de España. Pero por simbólico sincronismo histórico y espiritual Mitre dejaba la Presidencia de la República de su patria en vísperas de la revolución de setiembre de 1868, la que echó del trono de España a la hija del rey, en cuyo tiempo se cumplió la emancipación de la América española y a quien tan justamente juzgó Mitre. Y si con alguno de nuestros hombres representativos, sus contemporáneos, hubiéramos de compararle sería con nuestro gran tribuno don Emilio Castelar, historiador como él, aunque no soldado también.

Ni de sus relaciones literarias con España podemos decir mucho. Tenía ya sesenta y ocho años, en 1889, cuando *La Ilustración Artística*, de Barcelona, se lamentaba de lo poco que aquí se le conocía, en gran parte por no haber visitado esta tierra de sus abuelos, y un año después le nombraba correspondiente la Real Academia Española de la Lengua. Lo de siempre.

Ni hemos de traer a cuento sus juicios sobre España y los españoles, que en espíritu tan ponderado, ecuánime y sereno habrían de ser siempre discretos y nobles y justicieros. Cierto que no pudo esquivarse a ciertos tópicos más de expresión que de concepto, como aquel de llamar a España alguna vez «madrastra», pero véase cómo lo hace: «Los americanos, revolucionarios de raza en presencia de la madrastra España, eran ante todo españoles de corazón en presencia de los enemigos extraños de la madre patria», etc. (*Historia de San Martín*, cap. II, 11).

Su enjuiciamiento y sentencia de la obra de la emancipación suramericana, tal como aparece en sus obras, y singularmente en su *Historia de San Martín* —a la que van a referirse las citas subsiguientes—, son una sentencia y enjuiciamiento genuinamente españoles, de lo más hondo del sentimiento popular y liberal español. Véase: «La España, que en verdad concedió a la América todo lo que ella tenía y dio a sus colonos, por efecto de la lejanía tal vez, más libertad y más franquicias municipales de las que gozaban sus propios hijos en su territorio, jamás adoptó ni pensó adoptar una política que refundiese a las colonias en la comunidad nacional, y precisamente porque tenía un Gobierno absoluto no podía hacerlo, aun cuando lo hubiese querido o hubiese sido capaz de pensarlo» (cap. I, 11). Pasaje capitalísimo. Porque muerto por suerte fatídica el príncipe Don Juan, hijo de los Reyes Católicos, la obra de la conquista y colonización de América fue, más que del pueblo español, de dinastías de espíritu extranjero, Habsburgos primero, Borbones después y reyes absolutos siempre.

Fueron las guerras de las independencias americanas verdaderas guerras civiles y parte de nuestra guerra aquí de la independencia, de la revolución española contra la abyección de su soberano. Y esto lo reconoció como el que más, y con más clara visión, Mitre. Y podríamos multiplicar los textos del gran historiador político en que éste reconoce tal verdad. Que él vio bien claro que la metrópoli fue, tanto como sus colonias, víctima del sistema de la monarquía absoluta, y él supo hacer justicia al generoso cuanto infortunado liberalismo español, culpado aquí siempre, hasta 1898, de filibusterismo.

Mitre supo ver la influencia que, por repercusión, ejerció la emancipación suramericana en el espíritu liberal y democrático de España, y hay una gran verdad en aquellas sus palabras de que «el divorcio entre las colonias y la madre patria se efectuó en el momento crítico en que el abrazo que las unía las sofocaba recíproca mente, y separándose se salvaron» (I, 13). En el párrafo 10 del capítulo XXIV se lee un juicio sereno y hondo sobre la España liberal, la que sintió que la «unidad despótica era incompatible con el régimen representativo y con la igualdad de los ciudadanos en la vida política», y en ese mismo párrafo se juzga a la verdadera española la obra del coronel don Rafael del Riego, el que en su grito del 10 de enero de 1820 en Cabezas de San Juan «abrió la era de la libertad para su patria a la vez que cerraba el período de la guerra de la América con su antigua metrópoli».

Para Mitre, a leerle atentamente, la independencia de la América española fue, más que un fin en sí, un medio; un medio de que surgiera «un nuevo mundo re publicano» (I, 1). Llega a decir que «la idea innata de la República democrática estaba en las cosas mismas, en el organismo de todos y de cada uno» (XII, 5), y hay que leer sus atinadísimos juicios sobre los monarquizantes, más o menos vergonzosos, que había por entonces en esas tierras. El historiador Mitre fue un gran patriota de su patria, la República Argentina, porque fue un gran republicano —como aquí lo fuera Castelar—,[10] pero también por eso fue un genuino y castizo español de la máxima España espiritual, de la vieja cepa popular y liberal, a la que nada ha conseguido ahogar. «Un rey absoluto, y por lo común imbécil, era el único punto de contacto, más bien que de unión, entre el mundo explotado y la nación explotadora» (I, 11). ¡¡¡Pero no!!!, la nación española no explotaba nada, sino que era a su vez explotada por el patrimonio dinástico.

Y Mitre supo descubrir por debajo de esa dura costra del despotismo dinástico el alma misma del pueblo español, el «individualismo ibérico». «Para el efecto bastó que el hombre dejara en Europa su cargo de servidumbres seculares, se trasportase a otro continente va cante y, entregado a su espontaneidad, rehiciese su propio destino, prevaleciendo sus instintos sanos y conservadores en la lucha por la vida» (I, 3). «Así vemos que la colonización hispanoamericana desde sus orígenes entrañaba el principio del individualismo y el instinto de independencia», etc. (I, 8). «Los colonos españoles... trajeron ciertos gérmenes de individualismo y una tendencia rebelde que con el tiempo debía convertirse en anhelo de independencia y de igualdad» (I, 14). Mitre vio muy claro que «la libertad republicana», que en la América del Sur se desembarazó del yugo del despotismo dinástico de los Borbones asentados en España, era una libertad castizamente española e hija del individualismo ibérico.

Solo que este individualismo aquí, en la vieja España patrimonial, dio ya desde tiempo de los Austrias, de los Habsburgos, el pesimismo quijotesco. Porque la filosofía quijotesca es fundamentalmente pesimista. Y esto lo sintió

---

10   Emilio Castelar (1832-1899), cuarto presidente de la Primera República Española (1873).

el mismo Mitre, republicano y optimista, al encontrarse ante la figura tan quijotesca de Simón Bolívar y tener que encararla. Mitre, el gran optimista —recuérdese su discurso a la manifestación popular el 26 de junio de 1901, cuando cumplió sus ochenta años— vio la tragedia del destino de los emancipadores de acción y pensamiento de la América meridional (v. el Epílogo, capítulo LI, 2). Y hasta una vez, al contarnos cómo San Martín «era presa del hastío de la vida» antes de cumplir los cuarenta años, nos dice cómo ello «marca el más alto nivel del hombre moral» (XVI, 11). Pero es que San Martín, educado en la España de los Borbones, bajo el despotismo dinástico, respiraba, como Bolívar, la tradición del pesimismo quijotesco español, mientras que Mitre, nacido y criado en el seno de un pueblo emancipado ya, pudo a sus ochenta años pronunciar aquella frase religiosísima de: «Estamos en paz con el mundo todo y con nosotros mismos», frase que no podemos hacer nuestra, porque nosotros, los españoles de aquí, los arraigados en el viejo solar de la casta, en los páramos de Don Quijote, no vivimos en paz con nosotros mismos. Acaso habríamos alcanzado esa paz con nosotros mismos si la obra de la emancipación se hubiera aquí cumplido como se cumplió ahí.

Mucho más podríamos decir a este respecto del quijotismo, pero tenemos que cerrar estas impresiones. Ahora que hay quien habla aquí de reconquistar (!!!) la América de lengua española, y lo dice en nombre del viejo espíritu de que ella se emancipó, y cuando la Nación española no se ha reconquistado todavía a sí misma, conviene contemplar en qué consistió la profunda españolidad, liberal y republicana y democrática, del gran patricio argentino y honra perenne de las comunes letras españolas y del pensamiento ibérico, don Bartolomé Mitre y Martínez.

Salamanca, mayo de 1921.

La Nación, Buenos Aires, 26 de junio, 1921, en: *Obras completas*, IV, págs. 1065-1068.

Sobre el dos de mayo

No sé si he calculado bien el tiempo y si esta correspondencia podrá ver la luz en esa ciudad el día dos de mayo, como es mi deseo. Pero hay cosas que siempre son, creo, de oportunidad, y además tenemos por acá —y acaso por ahí también— un refrán que dice que toda fiesta tiene su octava.

El dos de mayo próximo se celebrará en España el primer centenario del levantamiento del pueblo de Madrid contra la invasión napoleónica, principio de nuestra guerra de la Independencia y principio también histórico de la independencia de las que en un tiempo fueron colonias americanas de la corona de Castilla.

La Asociación Patriótica Española de Buenos Aires, en una misma reunión de su junta directiva, acordó celebrar el centenario de la independencia española y a la vez adherirse a las fiestas con que el pueblo argentino se dispone también a celebrar el primer centenario de su independencia. Hizo bien la Asociación Patriótica Española en juntar así estas dos celebraciones que en el fon do celebran la misma cosa.

Es un hecho histórico muy conocido el de que la invasión napoleónica en España y la desaparición por causa de ella de nuestra dinastía borbónica, fue el origen primero del levantamiento de las colonias españolas. Todos conocen la teoría jurídica en que este levantamiento se apoyaba, tal como la formuló, acaso mejor que otro cualquiera, Moreno: todos la han leído, en la *Historia de Belgrano* de Mitre, o en otra parte.

Cuando llegó a Buenos Aires, el 13 de agosto de 1808, la noticia de que Napoleón se adueñaba de la corona de España y de las Indias, por cesión de Carlos IV y renuncia de Fernando VII a sus derechos, fue singular la situación de Liniers, que, aunque representante de España, era francés. Y la teoría de la revolución americana surgió desde luego.

La teoría era que las colonias americanas dependían del monarca en virtud de la cesión por bula del papa Alejandro VI, que «la América —dice Mitre— debía obediencia personal al legítimo soberano de que dependía únicamente y solo a él la debía; que destronado de hecho el rey legítimo y hallándose cautivo, ella existía en principio para sus vasallos fieles; que conquistada España por un usurpador, no debía a éste pleito homenaje por razón del territorio, quedando siempre atados al rey ausente, que reinaba aunque no gobernaba; que, por consecuencia, faltando el monarca legítimo —y con más razón conquistado el territorio español— la América no debía seguir la suerte de España. De ahí a la independencia no había sino un paso...».

Es decir, que el lazo que unía a España con sus colonias —colonias más bien de la corona española— era el monarca legítimo, y removido éste por Napoleón, el lazo desaparecía y las colonias quedaban sueltas.

Y en rigor esta misma teoría, aunque no formulada, ¿no fue acaso la que se reflejó en la práctica de nuestra guerra de independencia nacional? Las distintas regiones españolas se alzaron cada una por sí, constituyendo juntas, y fue el país mismo el que en tal forma se revolvió contra la invasión napoleónica. Y esa su íntima constitución federativa —por lo menos en sentimiento— y ese su sentido de vida difusa fue lo que le salvó.

A un país fuertemente centralizado le ocurre en una invasión extranjera lo que a un vertebrado superior al recibir un golpe en la nuca o en parte vital, y es que o se muere del golpe o queda postrado e indefenso; pero a un organismo más difuso, a un equinodermo, verbigracia, hay que hacerlo trizas o poco menos si se quiere acabar con él por completo.

Esa doctrina, en nuestro caso implícita, es la que nos salvó: la doctrina de que removido el monarca que era el lazo entre los pueblos españoles todos, éstos reasumían su soberanía sin someterse a pacto que, forzado por las circunstancias, hubiera aquél hecho con el usurpador. Y así ocurrió que, a pesar de la evidente degradación del príncipe Fernando frente a Bonaparte, el pueblo deseó a su futuro soberano, a quien se le llamó por esto Fernando VII el Deseado.

Y comenzó la guerra de nuestra independencia nacional, guerra en que tomaron parte al lado de nuestros abuelos y como españoles algunos oficiales americanos, y entre ellos el gran San Martín, que para sus futuras campañas en favor de la independencia de cinco patrias americanas se formó peleando antes por la independencia de España, patria entonces suya y patria de sus padres y abuelos.

Véase, pues, cómo nuestra guerra de la independencia va históricamente unida con el más estrecho e íntimo lazo de las guerras de las independencias americanas. Y en el fondo, unos y otros peleamos por la libertad civil.

Nuestra guerra de la independencia dio por primer fruto las Cortes de Cádiz, gloriosa alba de nuestras libertades públicas, así como las guerras de las independencias americanas acabaron estableciendo repúblicas en que la tendencia a la libertad es manifiesta, si bien no en todas haya acabado de asentarse. Unos y otros peleamos contra el principio de que los reyes y los conquistadores de pueblos pudieran disponer por sí mismos de la suerte de esos pueblos y cedérselos unos a otros sin contar con la voluntad de los pueblos mismos.

Y tan claro fue en sus principios el carácter de la emancipación americana, que hubo país que como Méjico invitó a nuestro monarca Fernando, a que pasase a él.

Mucho se ha hablado de la influencia del ejemplo y las doctrinas de la revolución francesa en la obra de la emancipación americana, pero hay que decir que esta obra empezó porque las colonias españolas de América no consintieron en pasar bajo la soberanía napoleónica. Y en no pocas de ellas la guerra de la Independencia fue una guerra, por lo menos de parte del pueblo, contra el liberalismo revolucionario, acusando a los españoles de estar contaminando con él a la América. Dos curas, Hidalgo y Morelos, fueron dos de los primeros y principales caudillos de la independencia mejicana.

Ha estado de moda durante algún tiempo el asimilar a la revolución francesa el movimiento emancipatorio de la América española, mas aun cuando esto puede tener su parte de verdad aplicado a ciertos corifeos de él, formados en las doctrinas de esa revolución —desde luego Miranda y Bolívar—, lo cierto es que por parte del pueblo más se parece a nuestra guerra de la Independencia, de que fue corolario y secuela.

Si el ejemplo de la gran revolución entró por algo, no fue por más que en ella misma, en la revolución francesa, entró el ejemplo de griegos y romanos, cuyas acciones tantas veces traerán a cuento los declamadores revolucionarios. Fue una sugestión literaria, limitada como tal a ciertas clases y sin acción sobre el pueblo.

El español se levantó en 1808 contra los ejércitos de Napoleón que venían a imponerle una soberanía que rechazaba, y poco después los pueblos americanos españoles se levantaron contra los ejércitos del rey de España —más del rey que de la nación— que iban también a imponerles una soberanía que rechazaban, la de un monarca que había cedido sus derechos sobre América a un conquistador de pueblos como si se tratase de un patrimonio de familia o de un rebaño que se puede vender o regalar.

Se podrá decir que aunque Napoleón no hubiese invadido a España destronando a Carlos IV, las colonias americanas se habrían emancipado más tarde o más temprano; pero aparte de lo peligroso y vano que es hacer en historia supuestos sobre la base de que no hubiese sucedido algo que sucedió, lo cierto y rigurosamente histórico es que esa obra de emancipación fue la consecuencia de nuestra propia obra de emancipación española, y que en tal sentido puede decirse que fue una obra genuina y profundamente española. Y símbolo de ello es que el vencedor de Maipú y Chacabuco se hubiera antes encontrado en nuestra gloriosa jornada de Bailén. Él, San Martín, une Bailén con Chacabuco.

Y Belgrano mismo, ¿dónde se formó sino aquí, en España? En esta Universidad de Salamanca estudió y acabó en Valladolid sus estudios, y estudió aquí cuando era esta vieja escuela vivero de hombres que ilustraron sus nombres luego en las Cortes de Cádiz del año 12. Y le yendo yo la *Historia de Belgrano*, de Mitre, pensaba que con nada presenta su carácter más semejanza que con el carácter de nuestros doceañistas, de nuestros hombres de las Cortes de Cádiz. Cierto es que éstos se formaron en el ejemplo de la revolución francesa, pero la especial modificación que a su espíritu aportaron la encontramos en hombres como Belgrano. Recibió éste el fruto de aquella revolución, pero lo recibió en España y por España, traducido a espíritu español, españolizado. Y así lo recibió también Simón Bolívar, que aquí también sirvió.

Y conviene repetir esto y ponerlo en claro cuando hay tantos que por infundados recelos o por desconocimiento de la historia se obstinan en exagerar la influencia francesa directa en los países americanos españoles y en no querer reconocer cuán grande fue siempre en ellos la influencia española aun para aquellas obras que al parecer en contra de España llevaron a cabo. La obra de la emancipación americana se llevó a cabo contra las autoridades españolas, pero en español. En español y en muy íntimo y muy castizo español, como más adelante habló mal de España Sarmiento, en español íntimo y castizo también y tal como nosotros mismos los españoles, por la manía que de calumniarnos tenemos, hablamos contra nuestra patria con deplorable frecuencia.

Pero el tiempo está siempre preñado de justicias y las da a luz cuando llegan a sazón y les toca la hora. Permitidme, pues, que un español entrañadamente tal que ha logrado que se le oiga por esas tierras se regocije con la hora de las justicias, que nunca son tardías.

Y os digo más, y es que tengo observado que todos aquellos americanos que respiran aún recelos contra España —cada vez son menos— y contra toda razón y justicia de historia hablan de nuestras cosas en el tono despectivo que aún no hemos logrado borrar ni de aquí mismo, que los tales americanos, digo, no suelen ser buenos patriotas de sus respectivas patrias. La experiencia me ha enseñado que los hispanoamericanos hispanófobos no suelen serlo por patriotismo de su patria. Cuando abominan de la influencia española en ella es porque desean alguna otra influencia, no ya tan extranjera, sino mucho más extranjera que la española, y no porque anhelen formarse por sí y ante sí un carácter propio; y la idea de esa España de que abominan no la han adquirido ni viviendo en España, ni tratando a sus hombres representativos, ni leyendo obras españolas, sino que la adquirieron de gentes que nos quieren tan mal como a ellos mismos y a quienes molesta lo que de irreductible y peculiar aún nos queda.

Precisamente, si los españoles que a la vez que queremos a nuestra patria sabemos algo de esos pueblos americanos, hacemos votos porque defiendan y corroboren y acentúen sus caracteres privativos y propios, porque se hagan una cultura indígena y peculiar a ellos mismos, es porque estamos convencidos de que es así como más han de acercarse a nosotros. Se acercarán por sus raíces, que están en la lengua sobre todo.

El dos de mayo es una fecha simbólica no solo para España, sino para todos los pueblos de lengua española. En ese día sonó en la historia la voz de consigna de la emancipación de todos ellos; para nosotros, los españoles, de la emancipación de la monarquía absoluta que pretendía disponer de los pueblos como de rebaños, y para los americanos, de la emancipación de un poder que como a rebaños, mejor o peor apacentados, los consideraban también. Y este poder no era en rigor el pueblo español, que estaba, en el fondo, sujeto a igual suerte.

Así, es, en efecto. Los más de los males de que las colonias españolas se quejaban eran males que el pueblo español también sufría. La suerte era común, y comunes eran las quejas. Y, por lo tanto, la liberación fue también común.

Cuando se leen cargos de agravios de aquellas que fueron colonias de la corona española, se ve que son los mismos cargos de agravios de nuestro pueblo. La monarquía española no gobernaba a sus colonias peor que a su propio reino, y lo que aquéllas sufrieron fue lo mismo que bajo ella sufrió el pueblo español. Hablar de opresión en otro sentido no es hoy más que o una tontería o una insidia; nuestra monarquía no oprimió a los españoles americanos más que a los peninsulares.

Véase cómo el dos de mayo de 1808, cuyo centenario este año celebramos, puede decirse que fue el día del parto de la emancipación española de las patrias americanas.

Salamanca, abril de 1908.

La Nación, Buenos Aires, 2 de mayo, 1908, en: *Obras completas*, IV, págs. 933-937.

Don Quijote y Bolívar

Yo no sé si las relaciones culturales entre las diversas naciones americanas de lengua española son tan íntimas y tan activas como debieran serlo; yo no sé si en Méjico, Perú, Venezuela, etc., se sigue con interés el movimiento literario, científico y artístico de Chile, Argentina, Uruguay, etc., y viceversa; yo no sé si la conciencia de la América llamada latina es todo lo viva que debería ser. Una de las más acendradas y más legítimas glorias del pensamiento hispanoamericano contemporáneo, José Enrique Rodó, el noble profesor montevideano, al final del hermoso discurso que leyó en la fiesta de la traslación de los restos de Juan Carlos Gómez desde Chile a Montevideo, su patria, decía que si es alta la idea de la patria, «en los pueblos de la América latina, en esta viva armonía de las naciones vinculadas por todos los lazos de la tradición, de la raza, de las instituciones, del idioma, como nunca las presentó juntas y abarcando tan vasto espacio la historia del mundo, bien podemos decir que hay algo tan alto como la idea de la patria, y es la idea de la América: la idea de la América como una gran de e imperecedera unidad, como una excelsa y máxima patria, con sus héroes, sus educadores, sus tribunos; desde el golfo de Méjico hasta los sempiternos hielos del Sur». Y añadía: «Ni Sarmiento, ni Bilbao, ni Martín, ni Bello, ni Montalvo, son los escritores de una u otra parte de América, sino los ciudadanos de la intelectualidad americana». Palabras tan altas y noble cuanto es noble y alto el pensador de *Ariel*.

No sé si esto no es más que un sueño de Rodó, pero es un sueño alto y noble. Es el sueño del gran Libertador, de Simón Bolívar, que pretendía dar libertad a Cuba y Puerto Rico y «establecer un equilibrio permanente entre la gran República de origen inglés y las Re públicas de origen español».

Así lo dice don José Gil Fortoul al final del capítulo IV del libro III de su *Historia constitucional de Venezuela*, el primero de cuyos cinco tomos acaba de publicarse en Berlín, y obra que me ha sugerido las anteriores líneas. Porque es ciertamente una obra que merece ser leída y conocida por todo americano; es una obra concienzuda y sólida y a la vez de muy grata y fácil lectura y no poco sugerente. A mí, por lo menos, me ha sugerido no pocas observaciones sobre hombres y cosas de América.

Ante todo, los hombres. Siempre me ha interesado más el individuo que la muchedumbre, las biografías más que las historias generales y la psicología más que la sociología. Me parece que fue uno de los grandes aciertos de Sarmiento el de escoger la figura de *Facundo* Quiroga para trazar en torno de ella el cuadro de la lucha entre la civilización y la barbarie, y uno de los gran des aciertos de Mitre el de tomar a Belgrano y a San Martín para agrupar en torno de ellos la historia de la emancipación de las repúblicas del Plata y aledañas. Con la ventaja acaso a favor de Mitre —a cambio de otras des ventajas— de que como decía Alberdi a Sarmiento en la tercera de sus *Cartas quillotanas* se debe escribir la historia de los buenos más bien que la de los malos, e «historiando a Belgrano, a Rivadavia, a San Martín, a Moreno, etc.», se habría podido educar a la juventud en el «amor a la libertad» más bien que en el «odio personal a los malvados». Y añadió: «Plutarco no historió a pícaros para servir a la educación», lo cual puede aplicarse al Plutarco americano, es decir, a Mitre, historiador de Belgrano y San Martín.

Mucho hay que aprender en la *Historia constitucional de Venezuela*, del señor Gil Fortoul, pero yo, siguiendo mis predilecciones, he de fijarme ante todo en la figura del Libertador tal y como el historiador venezolano nos la presenta.

Es, sin duda, Simón Bolívar, un héroe para un poema a la manera de los Browning, en que toma un personaje histórico como centro de reflexiones poéticas. Puede y debe decirse que hasta hoy la América ha producido más hombres de acción que contemplativos de pensamiento puro, sus Aquiles superan a sus Horneros; por lo general los historiadores, aún habiéndolos tan notables, no llegan a la talla de los historiados. El pensamiento es la flor de la acción y no florece y se encumbra la cultura filosófica, poética y científica de un pueblo hasta que, a través de dolorosas luchas, no se haya constituido en vista de un ideal común, más o menos vago.

Hasta tanto sus pensadores, en discordancia con el ambiente, resultan incompletos e inadaptables, como aquel don Simón Rodríguez, el maestro de Bolívar, interesante figura de que nos habla el señor Gil Fortoul, y que no pudo entenderse con Sucre, que vio en él un extravagante. ¿No se le llamó «loco» a Sarmiento?

El mismo Bolívar decía en 1822 que ni ellos ni la generación que les sucediese verían el brillo de la república que estaban fundando; que la América era una crisálida, que era menester una «metamorfosis en la existencia física de sus habitantes» mediante la formación de un nuevo tipo gracias a la fusión de razas, y en 1824 añadía que los pueblos americanos no podrían prosperar en cien años y que era menester fomentar la inmigración de europeos y yanquis.

Es el tema mismo del grandioso final del discurso que en 1872 pronunció Sarmiento al inaugurarse la estatua de Belgrano, el discurso conocido por el de la Bandera.

Y solo cuando un pueblo se ha hecho homogéneo y se ha constituido definitivamente, cuando ha brotado en él conciencia patria colectiva y no vive solo por el mero instinto de vivir —esto último es de Bolívar—; solo cuando tiene ideal es cuando comprende y siente sus glorias y cuando puede irradiar al mundo su pensamiento. Homero llega cuando están resueltas las luchas en que intervino Aquiles, cuando de Troya no quedan sino las ruinas y es Helena polvo.

Y ¡qué figura la de Bolívar para el poema! Me permitiréis, benévolos lectores americanos, que como vasco que soy por todos treinta y dos costados, me detenga en la vasconía del Libertador. Después de describirlo física mente (págs. 320 a 330), agrega el señor Gil Fortoul: «En suma, tipo vascongado, de que descendía por línea paterna...» ¡Cuantas veces en un verano que pasé cerca de Cenarruza no me he detenido desde los balcones de esta vieja Colegiata, antigua hospedería acaso para los peregrinos que pasaban por Vizcaya en piadosa romería a Santiago de Compostela, a contemplar allá abajo, en el valle, el lugar de Bolívar, de donde tomó su nombre y su origen el Libertador!

«Si su organismo era sobre todo español —añade el señor Gil Fortoul—, los ímpetus de su alma también lo fueron a menudo.» Sí, españoles y quijotescos. Bolívar fue uno de los más fieles adeptos del quijotismo. Conocida es la anécdota, que he leído en Ricardo Palma (*Mis últimas tradiciones peruanas y cachivacherías*, Barcelona, 1906),[11] sobre la última frase de Bolívar, cuando éste, en sus últimos días, preguntó a su médico si sospechaba

---

11   Véase edición de Linkgua.

quiénes habían sido los tres más insignes majaderos del mundo, y al decirle el médico que no, contestó el Libertador: «¡Los tres grandísimos majaderos hemos sido Jesucristo, Don Quijote y... yo!». El mismo, pues, se incluyó, según tradición, con Don Quijote. Y cuando vuelva yo a hacer otra edición de mi *Vida de Don Quijote y Sancho, comentada y explicada*, no os quepa duda de que la aumentaré incluyendo en ella pasajes de la vida del Libertador, como incluí pasajes de la vida de Íñigo de Loyola, un vasco representativo.

Si a Don Quijote le lanzó a esa locura caballeresca aquel amor tímido y contenido hacia Aldonza Lorenzo, según yo creo, ¿no determinaron acaso la carrera de Bolívar la muerte de su mujer, María Teresa, y el dolor que le causó? «La muerte de su joven compañera (dulce y melancólica figura que la historia deja en indecisa penumbra) —dice el señor Gil Fortoul— le arroja al punto en un verdadero torbellino: viajes que duran tres años; al principio, la nostalgia del primer amor, nostalgia que a veces se convierte en desesperación; proyectos confusos; nuevas pasiones que se suceden violentas y efímeras; al fin, el alto ideal que se apodera de su espíritu arrastrándolo a la lucha por la libertad de la patria». Agrega el señor Gil Fortoul que fue tal la impresión dolorosa con que acariciaba el recuerdo de su mujer «que llegó hasta desear sinceramente la muerte». Y el mismo Bolívar decía en 1828 en Bucaramanga a sus amigos: «Si no hubiera enviudado, quizá habría sido otra mi vida; no sería el general Bolívar ni el Libertador». Y he aquí cómo aquella María T. Rodríguez, a quien conoció y con quien se casó en España —a Bilbao, mi pueblo, fue a verla en el otoño de 1801—; esa dulce figura penumbrosa que desfila por la historia, fue la Aldonza Lorenzo de aquel Quijote americano, y cómo muerta ella se le convirtió en Dulcinea, en la Gloria.

Y ¿no es acaso quijotesco aquello que cuentan, dijo Bolívar, a raíz del terremoto de Caracas, en 26 de marzo de 1812, cuando atribuyéndolo un fraile a azote de Dios irritado por haberse desconocido a Fernando VII, el ungido del Señor, el futuro libertador, que se hallaba en la turba entre las ruinas, desenvainando la espada y obligando a bajar de la mesa que le servía de púlpito al fraile predicador, gritó: «¡Si se opone la naturaleza, lucharemos contra ella y haremos que nos obedezca!» ¿Y no es quijotesco aquello que en 11 de agosto de 1826 decía a Gual, el plenipotenciario colombiano en el Congreso proyectado de Tacubaya, continuación del de Panamá, de que promoviera la expedición libertadora a Cuba y Puerto Rico, para poder marchar luego con mayores fuerzas a España..., si para entonces no quieren la paz los españoles? Acaso se habrían resuelto no pocas cosas si nos hubiera conquistado Bolívar; digo, a nuestros bisabuelos.

Todo esto es profundamente quijotesco, pero hay algo más que acerca de Bolívar a Don Quijote, otro de los tres insignes majaderos de la Historia. (Y ¡qué gloriosa, qué divina es la majadería así!) Cuantos hayan leído el *Quijote* recordarán aquel melancólico capítulo LVIII de la segunda parte, en que el Caballero encontró unas imágenes de relieve y entalladura para el retablo de una aldea y las reflexiones de triste desesperanza que ellas le sugieren. En mi ya mencionada *Vida* las he comentado largamente. Aquello fue como el Huerto de los Olivos de Jesús, el otro de los tres insignes, según Bolívar. Y ¿no están llenos los últimos años del Libertador de tristes reflexiones, en que el héroe parece repetir con Don Quijote: «no sé lo que conquisto a fuerza de mis trabajos»? En aquellos tristes momentos, en aquellas horas de desaliento, propias de todos los verdaderamente gran des, creía haber arado en el mar y desconfiaba de los destinos de las nuevas naciones que con su espada y su fe separó de España.

Pero hay una frase profunda, profundísima, tal vez la frase más profunda que he leído de Bolívar —con frecuencia hay en sus frases célebres más retóricas a la española que no otra cosa—, hay una frase que nos hace penetrar hasta el hondón del alma del héroe. Es cuando en 1824 escribía al marqués de Toro: «Entienda usted, mi querido marqués, que mis tristezas vienen de mi filoso fía, y que soy más filósofo en la prosperidad que en el infortunio. Esto lo digo para que usted no crea que mi estado es triste, y mucho menos mi fortuna». ¿No os dice nada esto del hombre triste en la prosperidad y triste por filosofía? ¿Llegaría Bolívar a sentir la angustia metafísica de todos los grandes, la terrible voz que surge del silencio de las eternas tinieblas y nos dice: y todo, ¿para qué?

No olvidemos que había leído a Rousseau, el patriarca del pesimismo, y que los dos volúmenes del *Contrato social* que habían pertenecido a la biblioteca de Napoleón, y que el general inglés Roberto Wilson regaló al Libertador, solía llevarlos consigo y los regaló, al morir, a la Universidad de Caracas.

A cada hombre puede juzgársele por sus lecturas favoritas. Don Quijote leía libros de caballería, Bolívar a Rousseau, y San Martín apacentaba su espíritu con la lectura de Plutarco. Y el decir simplemente que aquél leía a Rousseau y éste a Plutarco dice tanto, para los que a Plutarco y Rousseau conozcan, como cuantos paralelos entre uno y otro puedan trazarse y los que hayan trazado el venezolano Larrazábal y el argentino Mitre, y el del chileno Santa María, el que llamó a San Martín zorro y a Bolívar águila, paralelo este último que reproduce el señor Gil Fortoul. El uno era rousseauniano, plutarquiano el otro, diría yo. Y no se olvide que Rousseau, por su parte, era un admirador y un lector entusiasta de Plutarco, de este Plutarco de quien decía el general inglés Gordon, el héroe de Jartum, que debería darse a leer a todos los oficiales del ejército mejor que un libro de táctica.

Podría ir por este primer tomo de la *Historia constitucional de Venezuela*, del señor Gil Fortoul, libro que aún ha de darme materia para otras consideraciones, re cogiendo datos y noticias con que seguir buscando semejanzas entre Don Quijote y Bolívar, y si fuese yo un Plutarco, no me costaría hacer una vida paralela de ambos. Los últimos momentos del gran Libertador son de tan intensa poesía como los últimos momentos del caballero manchego.

Poesía, sí, ésta es la palabra, poesía. Poesía, poesía es la que rezuma de la vida de Bolívar, como es poesía lo que rezuma de la historia de la emancipación de las repúblicas hispanoamericanas, lo mismo que de la épica historia del descubrimiento y de la conquista. Una y otra poesía están enterradas en las viejas crónicas de los conquistadores, de los Oviedo, Castillo, Gómara, etc., y en las memorias de los caudillos de la independencia. Poesía, sí, y esa poesía deberíamos ser nosotros, los españoles, los que más fuertemente la sintiéramos. Como Diego Láinez se llenó de orgullo al ver que su hijo, el Cid, sintiéndose mordido en el dedo por el padre, le amagó un bofetón, así nosotros, los españoles, deberíamos enorgullecernos de la heroicidad de aquellos hombres frente a las tropas de los torpes gobiernos peninsulares y considerar una gloria de la raza las glorias de las independencias americanas. Pero aún no hemos llegado a esto. Ni aún, justo es decirlo, se ha llegado ahí, en América, a hacernos entera justicia, aunque cada día sobre todo desde que España perdió a Cuba y Puerto Rico, aumenta el buen deseo de hacérnosla, y prueba de ello es, entre otras muchas, la obra del señor Gil Fortoul que ha provocado este escrito.

Y vuelvo a lo que decía al principio, y que es uno de mis más repetidos estribillos, a la necesidad de que todos los pueblos de lengua castellana se conozcan entre sí. Porque no es solo que en España se conozca poco y mal a la América latina, y que en ésta se conozca no mucho ni muy bien a España, sino que sospecho que las repúblicas hispanoamericanas, desde Méjico a la Argentina, se conocen muy superficialmente entre sí.

La Nación, Buenos Aires, 30 de enero, 1907, en: *Obras completas*, III, págs. 494-499.

La lección del Paraguay

Desde hace cinco años escribo siempre con el temor de que lo que escriba haya perdido ya su actualidad cuando sea publicado. ¡Tan deprisa va la historia! Pero hay, sin embargo, un medio de mantenerse siempre actual un publicista, y es mantenerse siempre dentro de la historia. Porque la historia es eterna. Alejandro, Julio César, Federico el Grande, Marat, Napoleón..., son tan actuales como el káiser, Clemenceau, Lloyd George, Wilson, Lenin, Trotsky, etc. Y para ver mejor a éstos, acaso lo que conviene es situarse en aquéllos.

Fabián Vidal, mi buen amigo, es acaso el periodista español de hoy más y mejor enterado de lo que está pasando en el agitadísimo mundo contemporáneo. Su erudición histórica y geográfica de lo actual es enorme; su poder de información y de trabajo realmente asombroso. Y sus conocimientos históricos no se limitan a lo contemporáneo, sino que conoce a maravilla la historia del pasado, la historia eterna. Y posee un muy sólido sentido histórico. Oírle en la intimidad enseña tanto como leerle en publicidad. Pero... Pero un hombre que sabe tantas noticias, puede tener algunas de origen parcial o sospechoso.

Fabián Vidal publicó en el número del día 12 de este mes de noviembre de este diario mismo un artículo titulado «Mirando a Oriente. El bolchevismo y el bloqueo», artículo que empezaba por estas palabras:«No, amigo y maestro Unamuno. Se sabe lo que sucede en Rusia». Y el artículo tiende a demostrar que él, Fabián Vidal, es uno de los que saben lo que sucede en Rusia. Y luego nos lo cuenta Y nos cuenta lo que yo ya he leído en publicaciones españolas y extranjeras, en semanarios ingleses sobre todo. A pesar de lo cual sigo no estando muy seguro de todo ello. Lo que se debe acaso a mi hipercriticismo, a que tengo un espíritu mucho más escéptico —en ambos sentidos— que el de Fabián Vidal, a que no me dejo convencer tan pronto.

Fabián Vidal, en el artículo que me dedicaba, nos cuenta una vez más la lucha del sovietismo contra la democracia. Y me dice así:

«¿Quiere usted enterarse de una vez, ilustre amigo Unamuno, de lo que es el sovietismo? Pues bien: el sovietismo es el zarismo, más tiránico, más intransigente, más perseguidor y sanguinario todavía. Lenin y Trotsky, que desprecian profundamente los occidentalismos, que se ríen de estas palabras astrales —democracia, libertad, individualismo, derecho, etc.—, inventaron el reóforo extraño de la dictadura del proletariado. Hoy el proletaria do es más esclavo en Rusia que bajo el yugo de Nicolás Romanoff. La Okhrana o policía secreta subsiste bajo un nuevo nombre. Hay un Azew conocido por conde Pirro. Hay un *tchin*, es decir, una organización burocrática escalonada, regulada, unida como los eslabones de una cadena flexible y estranguladora como los anillos de una culebra. Y a ella pertenecen —no se asombre demasiado infinitos empleados del viejo régimen».

¿Es ello así o no? Yo no contesto sino lo que dijo Manzoni en su oda al «Cinco de mayo» (de 1821) —el día de la muerte de Napoleón, el Único—, y fue:

¿Fu vera gloria? Ai posteri l'ardua sentenza.

¿Es todo eso así? Ya lo dirán los que vengan después y lo vean a distancia.

Pero al final de su artículo dice Fabián Vidal:

«La historia nos cuenta lo que fueron los paraguayos bajo Gaspar Francia y los argentinos bajo Juan Manuel Rosas. Rusia es un inmenso Paraguay, que tal vez tiene en su seno un "Solano López".»

Y aquí sí que tengo que detenerme y comentar.

De lo que pasó en el Paraguay de Gaspar Rodríguez Francia y en el de Francisco Solano López, dos supuestos tiranos, como de lo que pasó en la Argentina de Juan Manuel Rosas, el tirano para Domingo Faustino Sarmiento, Mármol y los argentinos unitarios europeizantes, creo saber algo más de lo que pasa en Rusia, y creo saberlo porque lo he estudiado tranquilamente y contrastando las opiniones adversas. Precisamente en estos mismos días, buscando en la historia que fue enseñanza para la historia que es, estoy leyendo la obra del paraguayo Juan E. O'Leary, *Nuestra epopeya* —la guerra de 1864-1870, en que se echó sobre el heroico Paraguay una triple alianza —otra triple— del imperio —imperialista— del Brasil y las Repúblicas de la Argentina y el Uruguay, y el pobre Paraguay, el educado por las misiones jesuíticas y por las supuestas tiranías del doctor Rodríguez Francia y de los dos López, padre e hijo, se defendió como nunca se ha defendido mejor pueblo alguno, guiado por López, hijo, por el mariscal Francisco Solano López, que murió gloriosamente en Cerro Corá, exclamando al morir: «¡Muero por la patria!».

¿Fueron tiranías las de Gaspar Rodríguez Francia y Francisco Solano López en el Paraguay? ¿Y cómo se explica, si lo fueron, que los soportaran los mismos paraguayos que dieron al mundo el espectáculo sublime de defenderse contra la invasión de tres pueblos mucho más poderosos que él cada uno de ellos, y defenderse hasta no quedar más que niños, viejos y mujeres? ¿Quién no conoce la hermosísima «Nenia» del poeta argentino Carlos Guido y Espano, y aquello de:

> ¡Por qué, cielos, no morí!
> cuando me estrechó triunfante
> entre sus brazos mi amante,
> después de Curupaití!
> ¡Por qué, cielos no morí!
> ¡Llora, llora, urutaú en las ramas del yatay;
> ya no existe el Paraguay
> donde nací como tú;
> llora, llora, urutaú!

Y hoy, cincuenta años después, el Paraguay existe.

¿Fue tiranía la del Paraguay? Para los paraguayos, no. Las libertades que se dice que prohibían Rodríguez Francia y Solano López eran libertades ficticias para los paraguayos. Es libertad ficticia la de volar donde no hay alas, o la libertad de cultos donde solo hay uno y está permitido. El doctor Francia fue un dogo vigilante que a la puerta de su patria guardaba la tranquilidad de ésta, acaso su siesta. Los paraguayos vivían felices con los restos del comunismo que allí implantaron los jesuitas. Y las libertades que el doctor Francia primero y Solano López después prohibieron, fue la libertad de otros pueblos para explotarlos a su guisa. Si bien se estudia, se verá que la Triple Alianza del Brasil, la Argentina y el Uruguay no buscaba libertar a los paraguayos de esa tiranía, sino someterlos mejor a su propio régimen. Las tradiciones relativamente comunistas del Paraguay les estorbaban. Y se hizo la leyenda de la tiranía.

¿Es que me parece bien aquel estado del Paraguay? A mí no; yo no hubiera podido vivir allí; yo no podría vivir bajo un régimen comunista como el de los jesuitas en el Paraguay; yo soy, personalmente, rebelde al comunismo y de un individualismo selvático. Pero no se trata de mí. Y a los paraguayos de entonces no les pareció mal aquel régimen. Las libertades que yo necesito no las necesitaban ellos. Y no era tiranía para ellos lo que lo sería para mí. Hay que ponerse en realidad histórica.

Yo, repito, no sé tan bien como Fabián Vidallo que pasa en Rusia hoy; pero sé que el sentimiento de la libertad varía de pueblo a pueblo; que yo apetezco libertades que le tienen sin cuidado a un aldeano, y que cuando un Estado de capitalistas —que no es un Estado capitalista dice que va a libertar a un pueblo, va acaso a explotarlo. Ahora mismo lo que importa a la Entente es que la República sovietista reconozca la deuda exterior. Si la reconoce y cree la Entente que la puede pagar, abandonará a la aristocracia y la burguesía zarista a su propia suerte.

El Mercantil Valenciano, Valencia, 23 de noviembre, 1919, en: *Obras completas*, IV, págs. 632-634.

Letras americanas

Sobre la literatura hispanoamericana

A Rubén Darío

Me felicito, amigo, de que las breves consideraciones con que encabecé mi revista de la preciosa novela argentina de Grandmontagne, *La Maldonada*,[12] hayan provocado un tan hermoso artículo como el que usted ha publicado acerca de las letras hispanoamericanas en la sección que, con muy buen acuerdo, va a dedicar mensualmente a América la *Vida Nueva* [n.º 46 (16 de abril de 1899)].

Quédole agradecido del tono de afectuosa consideración con que me trata, que no por ser natural en persona de tan legítima cultura, de cultura radical que de la mente desciende a las maneras y a la conducta, deja de ser menos de tomarla en cuenta.

Y hecha esta manifestación, he de declararle desde luego que estoy conforme con lo sustancial de cuanto su artículo expone y hasta con lo accidental de él. Es lo que me pasa casi siempre con los que me hacen el honor de rebatir algunos de mis asertos; que acabo por concordar con ellos y por darles la razón, sin por esto quitármela. Tenemos toda razón en lo que afirmamos, nadie la tiene en lo que niega. Quisiera equivocarme a diario, y lo que me parece para mí más terrible es el caso, perfectamente imposible, de que todos pensaran como yo, porque entonces me encontraría de hecho solo en el mundo y todos nos encontraríamos solos y más aislados que si pensamos cada cual de distinta manera, según sendas índoles. Busco la contradicción ajena, cada nueva persona que conozco evoca algún elemento, hasta entonces dormido, de mi espíritu, excitando una afinidad espiritual que estaba ociosa, y reclamo ante todo y sobre todo el santo derecho a contradecirme.

Y entrando en materia, he de recordarle que no solo del gaucho pedía yo que ustedes, los hispanoamericanos, nos hablasen, sino también de los afanes del estanciero, de los trabajos del colono, de las luchas civiles, de la

---

12 «*La Maldonada*, costumbres criollas (por F. Grandmontagne)», publicado en *La Época*, Madrid, 10 de abril, 1899, y recogido en *Obras completas*, IV, págs. 720-722.

eflorescencia industrial, de todo, en fin, lo que constituye la vida americana, y no de delicuescencias traducidas del francés, a que no me negará usted que son por allá no pocos jóvenes aficionados.

Creo, sí, que Buenos Aires está tan lejos de la guitarra pampera como del *morbo gallico* barriolatinesco, y a descubrirnos ese potente Buenos Aires usted más que nadie debe contribuir. Seguro estoy de que para muchos de los que han leído su sustancioso artículo ha sido éste algo así como una revelación.

Pocas cosas me interesan más que esa vida ascendente, que llegará a tener un arte que la eternice. Llegará a tenerlo cuando el poderoso progreso que hoy impulsa a la Argentina se haya hecho tradición, cuando brotando del seno de esa emigración abigarrada surja una aristocracia, sea la que fuere, que pueda pasar de la posesión a la contemplación.

La culminación artística y literaria de un pueblo sigue, y sigue a regular distancia, a su eflorescencia económica y material. Hay que digerir el progreso para que convertido en tradición, dé la flor del arte. La belleza es ahorro de utilidad y el ahorrar cuesta afanes y sudores. El arte recoge lo cristalizado ya, lo que del torbellino de la vida va sedimentándose en la memoria de los pueblos.

He dicho que no brotará de allí un arte definitivo, clásico en el mejor sentido, mientras la vida poderosísima que hoy se inicia no se haga tradición, porque profe so el principio de que solo lo tradicional es poético.

El presente lo vivimos y gozamos, pero solo cantamos y poetizamos en realidad el pasado, más o menos remoto, y de tal modo es esto así que aun los cantos al porvenir y a la esperanza me resultan siempre, en su fondo, endechas al pasado y al recuerdo. Un espejismo naturalísimo nos hace poner como ideal en el futuro el ayer hecho ensueño. El poeta que a mi entender mejor ha sentido, con alma de artista, los ideales socialistas, Guillermo Morris,[13] procedía del prerrafaelismo y era un enamorado de la Edad Media. El ideal es el pasado con ropaje luminoso de porvenir.

Creo, sí, que llegará el día en que se cantará como se merece a la máquina de vapor, pero ha de ser cuando suplantada por los motores eléctricos, se le arrincone en los museos como arqueológico monumento y recuerdo

---

13   William Morris (1834-1898), escritor socialista, poeta y artesano, de origen británico.

64

de gloria. Entonces cantarán en la vieja máquina de va por el porvenir de los electromotores. La muerte, que todo lo depura, es la que hace brillar el nimbo de íntima belleza sobre las cosas que han vivido.

Soy de un pueblo, Bilbao, que también se inicia en una nueva vida, y en donde espera mi amigo Maeztu, un soñador después de todo, que vibren las liras sobre las chimeneas de las fábricas y surja el canto consolador de la vida de entre el estruendo de las máquinas. Para ello es menester que toda esa vida industrial se haga meollo de la vida íntima, que el humo de esas chimeneas se disipe y que el fragor de las máquinas se encalme en la serenidad de la añoranza de la vida pasada. Soy bilbaíno, creo sentir a mi pueblo como el que más lo sienta de sus hijos, pero cuando vuelvo a él, a visitarlo, antes que a ver las obras del puerto o los altos hornos, subo al excelso Pagazarri, a entonarme en el reposo de las montañas, y cuando he querido extraer la poesía de mi Bilbao, en mi novela *Paz en la guerra*, he dirigido mis ojos al Bilbao de mi infancia, al *bochito* de mis más dulces recuerdos, a aquella villa recogida y familiar, la de las siete calles, la del tendero pacienzudo, la de las alegres romerías, la de los *chimberos*.

Y vuelvo a lo de América.

La América española se está haciendo, y un país que se hace no puede dar más que anhelos, vislumbres, tentativas y rebuscas de arte, todo ello vigoroso si se quiere, pero no definitivo. De aquí que cuando me fijo en el decadentismo hispanoamericano, lo veo cual un *incipientismo*; es una aurora que solo puede parecer ocaso a los que no sientan la vida del Sol.

Poe, a quien usted con oportunidad recuerda, creó un arte doloroso de iniciaciones, barruntos y abortadas adivinaciones, porque la planta atormentada de su espíritu no encontró en el ambiente que le rodeaba, el rico sedimento de aluviones de tradición en que echara raíces y de cuyos jugos nutriera sus brotes.

En la América latina creo que se están buscando, mas sin haberse encontrado aún. En lo mejor que de usted, amigo Darío, conozco, se ve a un hombre que quiere decir cosas que ni en castellano se han dicho ni pueden en el castellano de hoy decirse, y como usted piensa, según creo, en castellano, se encontrará sin duda con muchas ideas indecibles, que a falta de encarnar en verbo, le flotan en hermosa indecisión en la fantasía, preñadas de todo el encanto de lo no maduro. Es lo que usted llamaría un mundo auroral, un mundo de bruma matutina, henchido de promesas.

Tienen ante todo, en América, que hacerse su len gua, y tenemos todos que trabajar para que sobre el núcleo del viejo castellano se forme el idioma español, que aún no está hecho ni muchos menos.

A tal asunto he dedicado mi estudio, que usted conoce, «Contra el purismo», estudio que verá pronto la luz.

Y en la labor pesadumbrosa de hacerse la lengua gastánse energías que el escritor nacido en épocas clásicas, es decir, en aquellas a que a la civilización, o sea el nexo de las instituciones públicas corresponde la cultura, el estado íntimo de los espíritus, aprovecha para expresar las ideas entonces en su país comunes, que son ideas en tales épocas, ideas vivas. Mas cuando como hoy sucede en España, las ideas comunes, las que flotan en el ambiente por la opinión pública consagradas, son ideas muertas, inerte legado de pretéritas generaciones, el escritor purista y correcto, de irreprochable lenguaje, solo expresa eufónicas e infecundas vulgaridades. Es un cincelador de la ramplonería ambiente. Y suele por añadidura creer que el valor de nuestros místicos, pongo por caso, estriba en el estilo y ropaje de sus ideas, en la forma, y lo cree así porque es incapaz de sentir la intensísima vida abismática y el soplo de emancipadora libertad radical de que los hondos conceptos de nuestra mística están preñados. Suele ser tal escritor un intransigentísimo reaccionario, aunque de lo opuesto se viste.

El purismo, en efecto, significa ante todo y sobre todo reacción. Los que afectan no defender más que los fueros del idioma castellano y las prerrogativas de la forma artística, no son más que los instrumentos del genio de su casta, que saben bien cuán ineficaces son los ataques que se le dirijan sin faltar a su verbo.

Tienen que hacerse también tradición en América, porque no podemos los españoles dársela. La tradición viva solo se transmite con las íntimas condiciones socia les del pueblo que la produce, y esas condiciones, faltas del sustento de su base económica, no se transplantaron allende el océano. Esa tradición propia es lo que los americanos buscan, por vías de imitación, es natural, pero al fin y al cabo la buscan, mientras aquí creemos poseerla y no la poseemos en realidad. Puesto que allí se está fraguando nueva casta, deben rechazar nuestro casticismo. Sería mejor para ellos y para nosotros. Tal vez nos ayuden en la obra de que a nosotros mismos nos descubramos, por debajo de una tradición española que muere.

Si nos descubren a ellos mismos, sus afanes y en sueños, si nos desnudan sus almas, nos habrá descubierto a América, porque América es la sinfonía que del con cierto de las almas de los americanos surge.

Mas para esto es preciso que toda esa cultura incipiente acabe por sedimentarse, porque el arte, que da serena eternidad a la vida, exige que pasemos de la posesión, relación primera en que el hombre se puso con las cosas, a la contemplación. El fin sublime es la contemplación posesiva; el hacerse dueño del mundo comprendiéndolo y sintiéndolo. La visión beatífica es la infinita potenciación del amor.

Poseen los americanos el mundo y gozan de la vida de un modo en que nosotros ni hemos poseído a aquél ni hemos gozado a ésta. Cuando esa posesión y ese goce se hayan asentado en la roca eterna de las dulces memorias, cuando se haya hecho carne del espíritu y jugosa enjundia del alma social, brotará de aquella sociedad, hoy naciente, un arte vigoroso, cuya aurora saludamos en los balbuceos, vislumbres y tentativas del actual *incipientismo* hispanoamericano.

Quisiera, amigo Darío, haber interpretado bien el espíritu de las letras hispanoamericanas, tal cual en el mío se refleja. A usted que posee respecto a ese espíritu un caudal de noticias y conocimientos de que carezco, a usted que ha vivido y vive sumergido en él, siendo uno de sus más eminentes voceros y ministros, a usted le cumple más que a nadie la tarea nobilísima de revelar nos aquel mundo, tan nuevo en su espíritu para los más de nosotros los españoles, como en su cuerpo lo fuera al descubrírnoslo Colón. Tal vez de allí nos venga la luz que, proyectada sobre nuestro propio espíritu colectivo, nos revele fondos de éste, hasta hoy casi ocultos, facultades y energías de nuestra casta, aquí dormidas y despertadas y explayadas allí, donde encontraron con tierras vírgenes y suelo libre campo en que desarrollarse sin trabas. Por esto me encanta *Martín Fierro*, por ver en él la resurrección de nuestros aventureros de los primeros tiempos de la reconquista. Y por esto cuando me pongo a estudiar a mi raza, a la fuerte raza vasca, vuelvo los ojos a América y a los retoños que en ella ha echado, y siempre que pienso en aquellas repúblicas, recuerdo el sosegado vallecito, recogido y silencioso entre monta ñas, al pie de Cenarruza, en que se alzaba la casa solariega de los Bolívar.

La Nación, Buenos Aires, 19 de mayo, 1899, en: *Obras completas*, IV, págs. 728-732.

Sor Juana Inés, hija de Eva

> ¿Qué loca ambición nos lleva,
> de nosotros olvidados?
> Si es para vivir tan poco,
> ¿de qué sirve saber tanto?
>
> Sor Juana Inés de la Cruz

Esta admirable sentencia resume la intimidad de la vida —no sin su mansa tragedia claustral— de aquella Juana de Asbaje o Asuaje, en religión sor Juana Inés de la Cruz, eterno adorno de la cultura mejicana, que mereció ser llamada la Décima Musa, y cuya historia nos narró el intimísimo poeta Amado Nervo. Acabamos de leerla en el volumen VIII de las *Obras completas* del gran místico de Méjico.

A Juana de Asuaje no le llevó al claustro tanto fervor religioso cuanto ansia de estudiar. De estudiar más que de saber. Era libertad lo que iba buscando. Que es lo que tantos otros, y aun otras buscaron en el claustro: Libertad y de pensamiento.

El mayor dolor que la Décima Musa tuvo que sufrir en vida fue el de que, a consecuencia de una crítica que hizo de un sermón, se le prohibiera estudiar. Y la pobre monja pudo escribir, por cierto que con espíritu bastante profano, aquello de que «el que se señale o lo señale Dios, es recibido como enemigo común, porque parece a algunos que usurpa los aplausos que ellos merecen». Y es que acaso el claustro le sirvió para mejor recoger los que de los dominios todos de la lengua española le llegaban. En el claustro resuenan, agrandados como en múltiple eco, mucho más que en la calle o que en el hogar, los aplausos del mundo. Y el claustro es otro mundo.

Aun antes de enclaustrada, ya su confesor, el Padre Núñez, le dijo a Juana que si sus talentos y sabiduría se oponían a las virtudes religiosas, «era mucha ganancia esconder los talentos», con lo que, «depuesta la repugnancia, resolvió Juana Inés, con denuedo piadoso, dejar en su mundo su inclinación a la sabiduría humana, y en cada libro que abandonaba degollarle a Dios un Isaac», según nos dice un biógrafo conceptista.

¡Pobre sor Juana Inés! Al decir «si es para vivir tan poco, ¿de qué sirve saber tanto?», no quiso, acaso, decir esto otro: «si es para saber tan poco, ¿de qué sirve vivir tanto? *¡Vivir para ver!*, suele decirse, aunque no siempre dándole un sentido de concepción contemplativa de la vida: la de Renan, por ejemplo.

El romance de sor Juana Inés, en que se encuentran, hacia el final de él, los cuatro versos que nos sirven aquí de texto para comentario, empiezan con estos otros cuatro:

> Finjamos que soy feliz,
> triste pensamiento, un rato;
> quizá podréis persuadirme,
> aunque sé lo contrario.

¿Y qué es lo que embebía en tristeza el pensamiento de sor Juana Inés? No parece que la hubiese llevado al claustro desengaño alguno amoroso, de esos que, tratándose de mujeres y hombres, en cuanto sexos contra puestos, se suele llamar específicamente amor. Porque amor sí le llevó a él. Pero fue el amor que hizo caer a Eva.

A Eva, en efecto, le hizo caer el deseo de probar el fruto del árbol de la ciencia del bien y del mal; la curiosidad y no la lascivia. Y sor Juana Inés fue una legítima y castiza hija de Eva, y una precursora y profetisa del más refinado feminismo de hoy día.

Hay entre las poesías de sor Juana Inés, que las escribía para que los hombres necios las leyéramos, algunas que se pueden llamar amatorias, ya que no eróticas: pero aquel amor es un concepto sabio, aunque apasionado. ¿O es que no hay pasión acaso en el estupendo canto que el pobre Leopardi, otro hambriento de sabiduría, dirigió a su dama —*Alla sua donna*—, que creía ser una de las eternas ideas que desdeña vertirse de forma sensible? Y pasión hay en aquel soneto que sor Juana Inés dirigió a la «sombra de mi bien esquivo —imagen del hechizo que más quiero—. Y a la que dijo:

> Mas blasonar no puedes satisfecho
> de que triunfa de mí tu tiranía;

que aunque dejas burlado el lazo estrecho
que tu forma fantástica ceñía,
poco importa burlar brazos y pecho
si te labra prisión mi fantasía.

Sor Juana Inés amó con intenso amor intelectual —esta exquisita especie de amor de que hablaba Spinoza— las imágenes de hechizo que ella se forjó, las criaturas de su mente, y entre ellas a sí misma, como criatura de sí propia, a la imagen que ella se forjó de sí. Porque hay un refinado amor propio que consiste en amar el dechado que uno de sí mismo se hace, o el mito si se quiere. Y sor Juana Inés tenía perfecta conciencia de su valer y de sus aspiraciones. Conoció en sí la que había de quedar.

Finjamos que soy feliz, triste pensamiento, un rato... ¿Y qué felicidad, qué dicha buscó la monja jerónima mejicana del siglo XVII? Amado Nervo, que en otro de sus escritos: «¿Por qué va uno a París?» (figura en El Éxodo y las flores del camino, que es el volumen IV de sus *Obras completas*), dice: «El hombre no va ni ha ido jamás tras de la dicha. El hombre va y ha ido siempre tras de lo nuevo... Las razas se cansan de un dolor viejo, de un dolor viejo que viene a convertirse en una discreta felicidad, y caminan ansiosas de un dolor nuevo, que es una emoción desconocida». Pero es, ¡oh espiritual Amado!, que la verdadera dicha es la novedad; es el aprender, sobre todo, la ciencia del bien y del mal. Y si es vanidad de vanidades... ¡que lo sea! «Si es para saber tan poco, ¿de qué sirve vivir tanto?», quiso decir sor Juana Inés. Porque para esta castiza hija de Eva, vivir era aprender y saber.

«Es cadáver, es polvo, es sombra, es nada», dijo sor Juana Inés de su retrato; pero no lo dijo de sí misma, porque ella se sentía muy otra que la envoltura carnal de un alma hambrienta de sabiduría.

¡Pobre hija de Eva!

Nuevo Mundo, Madrid, 20 de agosto, 1920, en: *Obras completas*, IV, págs. 1051-1053.

Carta autógrafa a Ricardo Rojas

Sobre la literatura argentina

Salamanca, 4-IV-1908

Mi querido amigo: Le remito hoy mismo el *Facundo*, los *Recuerdos de provincia* y los *Viajes* de Sarmiento. Y dígame si quiere algo más, pues tengo un buen golpe de libros argentinos y entre ellos las obras completas de Alberdi, Mitre, Estrada, Echeverría, J. C. Varela, y cosas de Eduardo Gutiérrez, Ascasubi, Pairó, Mármol, Obligado, Saldías, *Fray Mocho*, Joaquín V. González, Abul-Bagi, Bernárdez, García (*La ciudad indiana*), Ayarragaray, las Memorias del general Paz y las de Lamadrid, Argerich, etc., etc., y colecciones de revistas (*Estudios, Nosotros, Revista Nacional, Revista de Tucumán*, etc., etc.). Habrá en mi casa por encima de un centenar de libros argentinos. Y luego muchos chilenos, uruguayos, etc.

Tiene usted razón: la ignorancia de cosas de América es muy grande en España y sobre todo en ese huero e indecoroso Madrid que es lo último que debían visitar los extranjeros que trataran de estudiarnos. Eso es mejor para darse a conocer que para conocer. La juventud literaria ahí congregada es lamentable. Cultiva esa repulsiva quisicosa que llaman estilo y anda a caza de voquibles. Eso está cada vez peor. La superficialidad y la sicalipsis la tienen comida...

Le deseo acierto en sus conferencias del Ateneo. En cuanto al fruto... espero muy poco de eso. A raíz de una conferencia que di ahí unos cuantos socios pidieron se adquirieran las obras de Sarmiento. No sé si llegó a hacerlo. No les interesan más que sus cosas domésticas.

Lleva aquí veinte días, después de haber pasado dos meses en Galicia, un cultísimo y muy inteligente jo ven chileno, Luis Ross Mujica, que viene a estudiar España.[14] El estado de su mujer le obligará a ir a ésa —donde usted

---

14   Luis Ross Mujica, en consecuencia de una correspondencia epistolar muy aguda y profunda con Unamuno, trabó con él una amistad que duró poco más de tres años hasta 1909 y la muerte inesperada del joven chileno en España, lejos de su patria: *Obras completas*, VIII, págs. 970-979.

la conocerá—, pero no tiene malditas las ganas de Madrid. Mañana da aquí
una conferencia sobre Chile.

De muchas cosas hablaremos cuando nos veamos.

Un abrazo de su amigo

Manuel García Blanco, *América y Unamuno*, Madrid, Gredos, 1964, págs.
274-276.

Domingo Faustino Sarmiento

Y si habla mal de España, es español.
Joaquín María Bartrina

En cierta ocasión me preguntó un sujeto cuál era el escritor español del siglo XIX que prefería yo entre todos, y aunque la pregunta es demasiado española, quiero decir simplista, porque casi nunca es posible contestar a cuestiones de primero y último, le contesté, sin embargo, diciendo: Sarmiento. Y al ver su gesto interrogativo, hube de añadir: Domingo Faustino Sarmiento, un argentino que murió, ya de edad, el 11 de setiembre de 1888. «¿Argentino? —exclamó mi interlocutor—, entonces no era es pañol». Y hube de responderle: «Más español que ninguno de los españoles, a pesar de lo mucho que habló mal de España muy bien». Y tuve que informarle de quién era don Domingo Faustino Sarmiento.

Le hablé de la vida fecunda y enérgica de ese maestro de escuela nacido de una antigua familia colonial en San Juan, al pie de los Andes, periodista en Chile, donde estuvo emigrado, peleando con la pluma contra el tirano Rosas, y gran educador de su patria, en que de ese vigoroso polígrafo, de sus obras educacionales y, sobre todo, del *Facundo*, llegó a la Presidencia de la República. Le hablé de la copiosa labor de sus tres obras capitales, los *Viajes*, viajes por Europa, África y América, en que nos narra el que en 1846 hizo a España, y es relato el de este viaje que merece ser reproducido; los *Recuerdos de provincia*, en que se leen las más sentidas y más vigorosas páginas que un hijo puede dedicar a la santa memoria de su madre, y *Civilización y barbarie*, libro conocido comúnmente por el *Facundo*, y en que Sarmiento nos cuenta las biografías del general Juan *Facundo* Quiroga, el Tigre de los Llanos, del general ex-fraile dominico Félix Aldao, y del *Chacho*, tres caudillos de las contiendas civiles de la República Argentina en el primer tercio del siglo pasado.

«¿Y no habla más que de cosas de allá?» —me preguntó—. Y le respondí: «No habla más que de cosas de allá, no habla más que de las luchas que enardecían a los ánimos de aquellos entre quienes vivía; pero habla de tal modo, con tal pasión y tan soberana elocuencia, con tan candente parcialidad, que son libros que pueden leerse en cualquier país y en cualquier época. Es como en la *Divina Comedia*, en que todo el calor y la soberana inspiración viene de que el Dante habla de sus contemporáneos, de sujetos que, a no ser por el inmortal poeta, se habrían anegado en la Historia».

Bajo la pluma de Sarmiento, los personajes todos de las luchas civiles de la Argentina a principios del siglo XIX adquieren un relieve homérico. Sarmiento tenía lo que los campesinos llaman ojo de caballo, engrandecía cuanto miraba. No hay sino leer las pinturas que en sus *Recuerdos de provincia* hace del clérigo don José Castro, el maestro de su madre, el santo cura Castro, que llevaba el Evangelio en la mano y el *Emilio*, de Rousseau, escondido bajo la sotana; el portentoso retrato de don Domingo de Oro, o en *Civilización y barbarie* la de los tres caudillos que biografía, y en todas sus obras, o poco menos, lo que dice del tirano don Juan Manuel Rosas. Nadie contribuyó a agigantar la figura de ese prodigioso tirano, tan grande para la leyenda como puedan serlo los más grandes del Renacimiento italiano, como contribuyó a ello su más implacable enemigo: Sarmiento. En el *Facundo*, Rosas adquiere por momentos la grandeza de un Satanás miltoniano, y se comprende leyendo eso que Juan Bautista Alberdi —otro argentino que es de los contados escritores en lengua castellana que pudo soportar— dijera hablando del tirano, cuyo nombre durante veinte años apenas dejó de figurar un momento en la prensa europea, estas palabras: «Si se perdiesen los títulos de Rosas a la nacionalidad argentina, yo contribuiría con un sacrificio no pequeño al logro de su rescate». Y cuenta que Alberdi fue otro de los enemigos de Rosas.

El mismo Alberdi, en sus *Cartas quillotanas*, escritas desde Quillota, en Chile, dijo de Sarmiento cuanto malo puede decirse de este incorregibleególatra, de este hombre repleto de vida y de energía y desbordante de sí mismo, que se pasó la mayor parte de su vida hablando, como Byron, de sí, y que ha alumbrado las encendidas páginas de sus escritos con la llama de un espíritu ardiente de vida.

Sarmiento era un lírico, un poderoso lírico, que derramó su lirismo hablando de los sucesos de su tiempo y de su país. Habla mucho de sí mismo, y a cada paso confiesa su inmodestia y fatuidad. Y luego hay que oírle describir la pampa o algunas de las batallas de Quiroga, o hablar del Escorial, o contarnos la corrida que en Madrid se dio cuando las bodas de Isabel II y su hermana.

Y hele aquí cómo, escribiendo al día —su *Facundo* lo redactaba según se iba publicando en el folletín de un diario chileno— con fines de combate, y empleando la pluma como arma para derrocar a Rosas, y más bien como arma para conquistar la Presidencia de la República, hizo este hombre singular y de alma robustísima una labor hermosísima por su valor estético, y que hace que por mi parte le prefiera a cuanto han escrito en lengua española en el siglo XIX.

¿Y de estilo? ¿de lenguaje? —preguntará cualquier badulaque—. Y hay que decir: Distingamos. Cabe un estilo vigorosísimo, robusto, personal y henchido de hermosura, con un lenguaje desgreñado e incorrecto, como cabe el mayor atildamiento lingüístico y la manera de escribir más correctamente retórica, sin estilo alguno. Sarmiento tiene estilo; un estilo a las veces algo enfático, un tanto oratorio casi siempre, lleno de color y de calor siempre y de gracia, de gracia robusta y viril muchas veces. Y en cuanto lenguaje, Sarmiento escribía a la buena de Dios el romance, un si es no es anticuado a veces, que había aprendido allá, en la remota San Juan, al pie de los Andes, en el seno de una antigua familia colonial. Una lengua muy briosa y muy expresiva en un estilo de montonera.

Y era un español, he dicho. Un español que renegaba de España a cada paso y quería borrar de su patria la tradición española, a la que atribuía los males de la Argentina. Pero aunque combatiera contra esa tradición histórica, la tradición íntima, la de debajo de la historia, la radical, la honda, la que va agarrada a la sangre, a las costumbres, y sobre todo a la lengua, ésa la guardaba como nadie. Siempre que leo las invectivas de Sarmiento contra España, me digo: ¡Pero si este hombre dice contra España, lo mismo que decimos los españoles que más y mejor la queremos! Habla, sí, mal de España, pero habla mal de España como solo un español puede hablar mal de ella; habla mal de España, pero lo hace en español y muy en español.

Sarmiento se me presenta como el escritor en lengua castellana más hondamente castizo que hemos tenido en el siglo pasado, y conservó ese casticismo gracias a no haberse enfrascado en la enojosa lectura de nuestros clásicos de los siglos XVI y XVII. Por no haber pretendido nunca imitarla ni escribir como ellos, escribió de la manera más briosa y genuinamente española. Escribió al día, tal vez a caballo alguna vez, sin raspador ni borradores, y sin tener un Manual de retórica y poética a un lado y un *Diccionario* de arcaísmos al otro. Su lengua es lengua hablada, con la sintaxis de la lengua hablada, y hay en sus obras páginas que parecen no escritas, sino dichas, tomadas a taquigrafía y así como hay hombres insoportables de los que se dice que hablan como un libro, de los libros de Sarmiento hay que decir que como un hombre.

Y a este hombre, es natural, apenas si se le conoce en España, y cuando alguien ha dicho aquí algo de él, ha sido con desdeñosa condescendencia. Afortunadamente, los argentinos empiezan a no recatarse para llamarle genio. Y si algún escritor en lengua castellana del pasa do siglo tuvo algo de hondamente genial, fue Sarmiento. Aquí no se le conoce ni es fácil que se le conozca y aprecie. Porque Sarmiento es lírico, real y verdaderamente lírico; Sarmiento dice lo que a él se le ocurre —hoy una cosa y mañana otra, tal vez la contraria— y no lo que se le ocurre a otro; Sarmiento es violento y agresivo y desdeñoso; Sarmiento habla mucho de sí mismo y de los de más en relación con él; Sarmiento no recuerda a ninguno de nuestros fastidiosos clásicos de los siglos XVI y XVII; Sarmiento, honda y radicalmente español, más es pañol, acaso, que cuantos españoles cobraron fama escribiendo en el pasado siglo, habla mal de España; Sarmiento era, ante todo y sobre todo, un hombre, y en puro ser hombre, fue escritor, escritor que vertía en sus escritos la redundancia de su propia personalidad colmada de vida. Y Sarmiento no se preocupó nunca de hacer un libro, como quien hace un armario, una mesa o un reloj, un libro con principio, medio y fin, cuidadosamente arquitecturado, un libro con sus tablas bien ensambladas y cepillado y bruñido y barnizado a puño, y como nunca se preocupó de hacer un libro, nos ha deja do obras palpitantes y rebosantes de vida y de pasión y de hermosura. Y, en cambio los que se preocupan de hacer libros, no hacen sino muebles muy pulidos y muy relucientes, que atraen al pronto, pero que a los pocos años se alabean, se resquebrajan y se deslustran, y la carcoma y la polilla dan cuenta de ellos al cabo.

La anarquía literaria, Madrid, julio, 1905, en: *Obras completas*, IV, págs. 903-906.

La literatura gauchesca

De cuanta producción literaria nos llega de la América española, nada me ha ganado el ánimo tanto como lo que podría llamar literatura gauchesca, la que canta las alegrías y las penas, las fortunas y desgracias de la vida de un tipo social americano curiosísimo por extremo y casi desaparecido ya: el gaucho.

Las obras de Hidalgo, de Hilario Ascasubi (*Aniceto el Gallo*), Estanislao del Campo (*Anastasio el Pollo*), Hernández y otros, me han encantado siempre; *Martín Fierro* es lo más homérico que conozco en la literatura hispanoamericana, y me sorprende que ni don Juan Valera en sus *Cartas americanas*, ni el señor Berisso en su obra *El pensamiento de América*, le concedan atención. En cambio menciona este distinguido escritor a poetas que, a juzgar por las muestras que de ellos nos da, ganarían no poco con permanecer en el más perfecto olvido.

Dícenme que el gaucho ha casi desaparecido; que desde el año 70 acá los setos de alambrado han concluido con él, reduciéndole al degenerado *orillero*, y que solo queda como su remota reminiscencia el gaucho *alzao* refugiado en los confines de la pampa, lindado con las tolderías de los indios. El gaucho de pampa adentro, en ciento cincuenta leguas alrededor de Buenos Aires, es un pastor sometido del todo al yugo de la civilización y servil para con el estanciero. Rubén Darío me decía que, si fuese allá yo, me había de encontrar con que más de uno de esos pastores, en vez de hablarme en el lenguaje pintoresco de Santo Vega o de *Martín Fierro*, me hablaría en siciliano o en vascuense, en mi vascuense.

Pues precisamente porque ha desaparecido es tanto más poético. Lo es como nunca ahora que la muerte, al depurarle de las impurezas de la realidad, le abre las puertas de la leyenda. La muerte es la gran poetizadora; la muerte, que sedimenta la tradición, único verdadero fondo de toda poesía. Solo es poético lo que, habiendo vivido, reposa en la eternidad.

Estanislao del Campo (*Anastasio el Pollo*) alegaba como razón para eternizar su lenguaje y su espíritu, en la carta con que contestó a la que le dirigiera don Juan Carlos Gómez, cuando iba aquél a dar a luz su *Fausto*.

El gaucho es lo más genuinamente homérico que de la América española conozco, y a la vez lo más pro fundamente español. Don Francisco Soto y

Calvo, en los preciosísimos y vigorosos relatos que constituyen sus *Cuentos de mi padre*, aplica más de una vez el término *homérico* a las costumbres gauchescas; y yo que, por virtud de mi profesión de catedrático de lengua y literatura griegas, he hecho traducir, comentándolos, en mi clase, los viejos cantos homéricos, hallo una perfecta exactitud en la aplicación del término.

Es, a la vez, el gaucho lo más profundamente español. Por las venas de Juan Moreira o de *Martín Fierro* corre la sangre bravía de nuestros aventureros de la Reconquista, de los que peleaban con el moro como con el indio el gaucho, rebelde como éste a toda ley; la sangre misma del guapo Francisco Esteban, o de José María, el rey de Sierra Morena; la de los guerrilleros de nuestra independencia. Todos han sido uno.

Otra vez lo he dicho hablando de *Martín Fierro*; así como nuestro caballo y nuestro toro domésticos transplantados a América y *alzados* allí a la selva, se tornaron cimarrones, errando a su albedrío, en natural braveza, por aquellas praderas vírgenes, así nuestro hombre, el que allá llevaron los conquistadores, se hizo también cimarrón y dio en gaucho. Puesto en condiciones análogas a las de nuestros siglos legendarios, volvió a ser lo que su abuelo fuera.

El gaucho ha sido, en efecto, un caso de atavismo social. En él rebrotó el genuino desprecio español a toda ley a toda disciplina el alma del *outlaw*, del forajido, en la significación primitiva de esta palabra, que abarcaba a nuestro Cid, y rebrotaron en él los viejos instintos nómadas de nuestro pueblo, origen aquí, según Salillas, de nuestra *picardía*, y origen en la pampa del sutil ingenio picaresco del gaucho. *Rumbeando* de pago en pago, vi viendo a salto de mata, en continuas pendencias e inacabable fiesta, atento a que nadie le *pise el poncho* y a dejar marcado al compadre que lo quiere alzar el gallo; des ahogando otras veces sus ternezas, su fondo melancólico y triste como el de nuestros jacarandosos majos anda luces, mientras sentado en la calavera de una vaca, da al compás de la guitarra sus *milongas*, tristes como *soleares*, al aire de la pampa inmensa, el gaucho es un tipo pro fundamente español. Su lenguaje mismo, que por tan privativo tienen no pocos americanos, está plagado de vocablos y giros populares, y que, a escondidas de la lengua literaria escrita, llevaron allá nuestros emigrantes con su lengua popular hablada.

Allá, en la solemne soledad de la pampa inmensa, resurgió en su alma la reposada tristeza con que al nacer la envolvieron los austeros páramos castellanos. En sus cantos vibra la tristeza de los pueblos calcinados por un Sol implacable, cuando no curtidos por una brisa dura; es la tristeza de la estepa. Hay pocos tipos más poéticos que el payador Santos Vega, que murió cantando, cantando, como ave no enseñada, la poesía de la resignación que se exhala de las extensas llanuras al cielo limpio que las corona y abraza.

Al leer el *Martín Fierro*, me parece oír un eco robustecido de nuestros viejos romances: la misma concentración en el relato, el mismo vigor en el trazo, la misma ausencia de matices y penumbrosidades, el mismo desfilar de sucesos definidos y realzados, como lo son los objetos bajo el Sol esplendente de Castilla, que, con las sombras, los separa.

Y el gaucho, como todo tipo sencillo, es profunda y homéricamente poético. Cuanto más primitiva y simple sea su alma, tanto más duradera es, en efecto, en poesía, porque encarna las más profundas capas del espíritu humano, las que todos llevamos en el lecho de nuestra propia alma. Sus sentires nos tañen a todos las roca viva del espíritu.

Los complicados, los *raros*, los *extraños*, pasan mucho antes; son entes de moda, porque cuanto más complejo sea un compuesto, tanto más inestable es; y cuanto más diferenciado, menos universal.

El gaucho inspiró una poesía popular, no en el sentido, absurdo, de que el pueblo fuese su autor, sino de que sus autores, cultos por lo común, la revistieron de formas y lenguaje populares para que hasta el pueblo pudiese llegar. Y no sé por qué parecen haber mostrado tantos poetas americanos una especie de desvío hacia ese rico venero de poesía, el más rico acaso que allí haya. ¡Si lo hubiese conocido Victor Hugo, ese Victor Hugo que ha tiranizado tanto tiempo el *pensamiento americano*!...

Mas por fin parece que hay quienes vuelven sus ojos, su imaginación y su sentimiento a ese mundo hermoso que se hunde en lo eterno, y se abren a la poesía del gaucho, depurado por la muerte. Lo que con el indio hizo Zorrilla de San Martín en su magnífico *Tabaré* no faltará quien lo haga con el brioso cimarrón de nuestros aventureros, con aquel arrogante gaucho a quien *ni le picaba la víbora ni le quemaba la frente el Sol.*

Al leer el poema *Nastasio*, de don Francisco Soto y Calvo, flor de delicado cultivo en que culminan las flores silvestres de la literatura gauchesca, he recibido un soplo, tamizado por el arte, de la inmensa pampa argentina. A su aliento *tiritaban los pastos* de mi alma, y me llovía sobre ella dulzura y reposo, la resignada dulzura de la estepa.

Nastasio recoge en culta forma literaria el preñado perfume de aquella poesía. En él se nos abre a los ojos la *Pampa inmensa sin principio ni fin*; en la estancia «Providencia» se celebra la hierra, que por acá dicen herradero, y a ella acude el gaucho «pensativo y triste, elástico y veraz». ¡Qué hondamente poética la suerte del pobre Anastasio!

Hay que oírle cuando

> Callado
> acuerda la guitarra al pensamiento:
> luego eleva la frente, y en la calma
> del espacio infinito, vuela el lento
> y cadencioso acorde, que simula
> el murmurar del trébol, cuando ondula
> entre sus hojas adormido el viento.

Y hay que oír, sobre todo, al pobre payador cuan do, solo y ciego, perdidos sus hijos y su mujer bajo la furia del huracán pampero, eleva al cielo su oración, que

> intensa y desolada
> como un desgarramiento batió el vuelo!

La muerte de Anastasio es un cuadro homérico, real y verdaderamente homérico.

> ¡El gaucho ha muerto!
> Ni la más leve agitación. Ni una
> convulsión penetrante de agonía
> el largo cuerpo sacudió.

Un instante
fijos los ojos en el techo oscuro,
pareció que hondamente agradecía
la bondad del Señor...
Después, ya muerto,
se quedó cual soñando en el futuro,
y se asentó la paz en su semblante
como celeste bendición.
Entonces
se dijera que el cuerpo respiraba
otra vida más dulce.

El gaucho ha muerto; la civilización le ha matado dulcemente, sin convulsiones, y ahora su alma respira otra vida más dulce, la vida del recuerdo, la de la poesía. Aquella muchacha «melancólica, larga, soñolienta», que, flotando

más bien que caminando, lenta y grave,
iba en silencio repartiendo el mate

entre los grupos de paisanos que velaban el cadáver del pobre gaucho; esa muchacha que

era tan solo con sus finas manos
cuanto en el muerto ambiente se movía.

no es más que la musa, la poesía eternizadora de cuanto ha vivido.

¡El gaucho ha muerto! Y ahora que para bien de la civilización y la cultura argentinas ha desaparecido de la impura vida social, ahora es cuando debe entrar en la gloria del arte, a gozar de perdurable vida poética.

Por esto es de aplaudir que el señor Soto y Calvo haya concentrado en la alquitara del arte consciente las silvestres flores de la literatura gauchesca para ofrecer nos ese exquisito perfume que nos adormezca, llevándonos por un momento al reposo de la región encantada de los ensueños.

La ilustración española y americana, Madrid, 22 de julio, 1899, en: *Obras completas*, IV, págs. 737-740.

El gaucho Martín Fierro poema popular gauchesco de don José Hernández

A don Juan Valera

I

«En la República Argentina ha existido y existe esta poesía del pueblo o del vulgo al lado de la poesía sabia. Desde muy antiguo, desde que hubo gauchos en la Pampa, los cuales no me puedo persuadir —a pesar de cuanto dice Daireaux— de que sean más árabes o más moros que cualquier habitante de mi lugar o de otro cualquier lugar de Andalucía o de Extremadura, hubo entre dichos gauchos cantadores y tocadores de guitarra, músicos y poetas a la vez, que han lucido y nos han dejado en sus coplas y canciones tesoros de inspiración original y fieles pinturas de la vida nómada que en aquellos campos se hacía. Los poetas de esta clase eran llamados o se llaman payadores, y se citan como los más ilustres entre ellos a Estanislado del Campo, a José Hernández y a Ascasubi».

A esta noticia, y ella inexacta por cuanto a José Hernández, antiguo redactor del *Río de la Plata*, no puede llamársele payador, a tal noticia se reduce todo lo que del prestigioso autor de *Martín Fierro* dice don Juan Valera en sus *Cartas americanas*.[15] Y cuando persona tan curiosa y erudita como nuestro crítico académico no dice más de él, tengo por seguro que le desconocerán en absoluto los más de mis lectores.

Y, sin embargo, no hay en la República Argentina obra que haya gozado de mayor popularidad. En diez años, desde 1872, en que apareció, hasta 1882, alcanzó cual ningún otro libro hispanoamericano once ediciones con un total de 58.000 ejemplares, además de haber sido reproducido, ya total, ya parcialmente, en varios periódicos americanos,[16] en París, en el Correo de Ultramar, en un español y otro antillano y se preparaba en Nueva York por

---

15   Madrid, Fuentes y Capdeville, 1889.

16   Como en *La Prensa*, *La Pampa*, *La República* y *La Libertad* de Buenos Aires, en *La Prensa* de Belgrano, *La Época* y *El Mercurio* de Rosario, *El Noticioso* de Corrientes, *La Libertad* de Concordia, *El Oriental* de Paysandú (Uruguay), *El Pueblo* de San Nicolás, etc., etc. [Nota de Unamuno.]

entonces una edición de lujo. Poseo la duodécima, de 1883, precedida de varios estudios críticos.

He de confesar que los desmesurados encomios que dirigen a la obra los apologistas que a su cabeza la recomiendan, más bien me predispusieron en contra que en favor de ella. Escritor argentino dijo que si Italia tiene su *Divina Comedia*, España su *Quijote* y Alemania el *Fausto*, la República Argentina tiene su *Martín Fierro*; otro llegó a asegurar que las máximas de este poema son tan magníficas como las del Evangelio y que el poema argentino suple *a la Biblia, a la novela, a la Constitución y a los volúmenes de ciencia*; le han llamado proclama revolucionaria, catecismo, curso de moral administrativa para uso de los comandantes militares y comisarios pagadores, y a su autor, Hernández, Prometeo de la campaña, comparándole con Buda y con Leopardi, a los que se parece lo menos que pueden parecerse dos hombres. A ver si después de tan graciosos disparates hay quien se forme idea buena de *Martín Fierro*.

Y, sin embargo, es una hermosura, una soberana hermosura, lo más fresco y más hondamente poético que conozco de la América española, y aún apurando mucho... pero no hagamos causa común con los indiscretos encomiadores del poema gauchesco.

El amor con que el pueblo argentino le ha acogido es su mayor consagración. Le llaman el *Quijote* nacional; corre de pulpería en pulpería y de rancho en rancho, congréganse los pamperos en torno al lector para oír los infortunios de *Martín Fierro*, acorralado por la civilización argentina, y no hay allí quien no le tenga en sus labios y sobre su corazón. Cuenta don Nicolás Avellaneda que un almacenero le enseñó en sus libros de encargos de pulperos de la campaña la siguiente partida: «doce gruesas de fósforos, una barrica de cerveza, doce vueltas de *Martín Fierro*, cien cajas de sardinas». Helo aquí, entre los artículos de necesidad y uso diario.

Hemos trazado toda esta noticia para que no parezca capricho la importancia que concedemos al *Martín Fierro*, para que se vea cómo una obra de extraordinario éxito en la Argentina, y sobre todo entre el pueblo, para el cual es y del cual procede, no ha entrado aquí donde se nos cuelan tantos neogongoristas, culteranos, coloristas, decadentistas, parnasianos, victorhuguistas y otras especies de estufa venidas de ultramar con su cargamento de terminachos quichuas, guaranís, araucanos, aztecas, toltecas o chichimecas.

¿Cómo libro de tan extraordinario éxito en la Argentina, que lleva más de veinte años de vida, apenas se habla de él en España?

II

Conviene, ante todo, advertir que *Martín Fierro* es un poema gauchesco, escrito en lenguaje y estilo gauchescos, y que para propagarse en España tendría que ir acompañado de un *brevísimo* glosario y notas explicativas, farragoso aditamento para un libro de amena lectura.

Digo brevísimo porque, como indicaré más adelante, los más de sus modismos y términos dialectales son españoles de pura raza, usados aquí por el pueblo, aun cuando no se escriban.

El autor de *Martín Fierro* ha hecho de intento, aun que con mal acuerdo, versos incorrectos, cojos por pie de más o pie de menos, cuando «es posible conservar la originalidad de un tipo sin herir el oído con desafinaciones del verso incorrecto», como le decía *La América del Sur* (9 de marzo de 1879).

Martín Fierro es la flor de la literatura gauchesca, de esa literatura aquí casi desconocida, en que brillan tras Hidalgo, que es el que los precedió, su Homero le llama Mitre, Lavardén, *Anastasio el Pollo*, Ascasubi, Del Campo; literatura creada para hacer reír al hijo de la ciudad con las rusticidades del gaucho, aunque a las veces se revelara potente el alma de éste; literatura que pasa entre muchos argentinos por algo indígena, por algo privativo de ellos, algo que les divide y separa de la madre España, la consagración de su independencia, la flor del espíritu criollo.

Martín Fierro es un pobre gaucho, para quien

> ... la tierra es chica
> Y pudiera ser mayor.
> Ni la víbora [le] pica,
> Ni quema [su] frente al Sol;
> [I, 31.)

un gaucho cuya gloria era vivir tan libre como el pájaro del cielo, al calor de su fogón, al arrimo de su *china*. Pero como el ser gaucho es delito, compartió la desgraciada suerte del pueblo generoso e infeliz a que pertenecía.

> Le echan la agua del bautismo
> A aquel que nació en la selva.
> «Buscá madre que te engüelva»,
> Le dice el flaire, y lo larga,
> Y dentra a cruzar el mundo
> Como burro con su carga.
> [VIII, 14.]

Así entró el pobre en él. Vivía alegre, feliz, libre, cuando el Gobierno argentino manda hacer una leva; le cogen en la arriada, en montón con otros; él, como manso, se deja prender, llévanle al servicio militar, y empiezan sus infortuinos. No puede sufrir aquella vieja aperrada del cantón y fortín, trabajando en las chacras (fincas) del coronel, dejando entrar y salir a la indiada, explotado por un amigo del jefe que tenía un boliche o tienducha. Por fin, logra evadirse y vuelve a su cueva, que halla va cía; su pobre mujer se había ido con otro, sus hijos se habían alquilado de peones. *Martín Fierro* compadece a su mujer y sus hijos; disculpa a aquélla, pide a Dios que los bendiga, jura ser más malo que una fiera, y se hace gaucho vago, matrero, nómada, pendenciero y perseguido por la justicia. Se enreda con uno y otro y los mata; huye de *pago* en *pago*, y está a punto de caer en manos de la policía una noche que le sorprenden solo en el campo. Se defiende tan bravamente, que va en su ayuda otro gaucho *matrero*, Cruz, el cual, una vez que han vencido, le narra sus desgracias, semejantes a las de *Martín Fierro*. Juntos los dos, deciden irse al desierto, entre los indios, levantar allí su toldería y pasar la vida sin trabajos, echados panza arriba,

> mirando dar güelta al Sol.

Y cuando habían cruzado la frontera,

Una madrugada clara
Le dijo Cruz que mirara
Las últimas poblaciones,
Y a Fierro dos lagrimones
Le rodaron por la cara.
[XIII, 26.]

En todo este relato, ¡qué hermosura!, ¡qué pinturas de luchas, de combates, de huidas!, ¡qué soplo de la pampa!, ¡qué rudeza chorreando vida! Todos estos infortunios nos los canta el mismo *Martín Fierro*, al rasgueo de la guitarra, haciendo llorar a la prima y gemir a la bardana, en unas sextinas monótonas en que parece que el eco tristísimo de la desdicha del gaucho se agiganta y multplica al recibir el aliento soberano de la Pampa. Al concluir su canto,

Echó un trago como un cielo,
Dando fin a su argumento,
Y de un golpe el estrumento
Lo hizo astillas contra el suelo
Ruempo, dijo, la guitarra,
Pa no volverme a tentar;
Ninguno la ha de tocar,
Por siguro tengaló;
Pues naide ha de cantar
Cuando este gaucho cantó.
[XIII, 22 y 23.]

Es decir:

Tate, tate, folloncicos,
de ninguno sea tocada,
porque esta empresa,

buen rey, para mí estaba guardada.[17]

Sin embargo, el mismo José Hernández, animado con el éxito de su obra, publicó posteriormente «La vuelta de *Martín Fierro*», de la que me ocuparé en otra ocasión. Esta segunda parte tiene pasajes, como el combate de *Martín Fierro* con un indio en defensa de una pobre esclava cristiana, que pueden competir con los de la primera, pero en general se denuncia más en ella el poeta letrado, está llena de sentencias tomadas de todos los grandes libros de la literatura eterna, y su sentido es sobradamente didáctico. Le falta mucho de la briosa frescura, de la ruda espontaneidad, del aliento vivífico de la primera, y denuncia demasiado fines nobilísimos, sí, pero ajenos al puramente estético.

En *Martín Fierro* se compenetran y como que se funden íntimamente el elemento épico y el lírico; diríase que el alma briosa del gaucho es como una emanación del alma de la pampa, inmensa, escueta, tendida al Sol, bajo el cielo infinito, abierta al aire libre de Dios. ¡Pobre gaucho! Él es bueno y parece malo; jura al volver a su pago y hallar su cueva vacía, ser más malo que una fiera, y cuando se halla a punto de caer en manos de la policía, promete a la Virgen si le saca salvo, «ser más güeno que una malva»; mata con toda tranquilidad, alzando con su cuchillo a los que se le ponen delante y largándolos como un saco de huesos, y le remuerde luego el no haberlos echado en campo santo y que ande el alma en pena pidiendo sagrada sepultura; es bueno con los buenos, y con los malos malo. El pobre, desheredado, despreciado, maltratado y explotado por los *puebleros*, «gasta la vida en huir de la autoridad» y hace su cama en el trébol, bajo el inmenso toldo estrellado, donde aquélla no le sorprenderá dormido.

¿Qué les importa, sus desgracias a los rebuscadores de rimas y ebanistas del lenguaje poético? Es cierto que los cultos se compadecen alguna vez del pobrecito gaucho, pero como dice *Martín Fierro* con una profundidad que recomendamos a cuantos se preocupan de la llama da cuestión social:

---

17   Con estos versos que Cervantes pone en boca de Cide Hamete Benengeli al final del *Quijote*, contra cuantos autores, como Avellaneda, se atrevan a imitarle, Unamuno insinúa la españolidad del *Martín Fierro*, quizás a pesar suyo.

De los malos que sufrimos,
Hablan mucho los puebleros,
Pero hablan como los teros
Para esconder sus niditos:
En un lao pegan los gritos
Y en otro tienen los güevos.
[XII, 19.]

Mas veo que, saliéndome del terreno meramente estético, me meto por trochas y veredas muy escarpadas, cuando a *Martín Fierro* le basta con su hermosura, si bien, como toda hermosura honda, tiene dentro de ella el germen de la bondad y la verdad.

Tan le basta con su hermosura, que es lástima se empeñen muchos americanos en encomiado por motivos ajenos al arte, y lo que es peor, falsos y de mala ley.

III

Entre estos motivos de mala ley que han viciado el coro de alabanzas entonadas en loor de José Hernández debe contarse la ridícula pretensión de que *Martín Fierro* pertenezca a una literatura *privativamente argentina*, brote de un espíritu nuevo que diferencia a los argentinos de los demás españoles, y hasta esté escrito en *lengua nacional argentina*.

A muchos de los poetas cultos americanos que por aquí más se aprecian y estiman tiénenlos no pocos de sus compatriotas por españoles o españolizantes, cuando suelen ser victorhuguescos, coloristas, rimistas y casi siempre lateros.

El docto y discretísimo don Juan Valera dijo ya lo suficiente, y muy bien dicho, acerca de estas pretensiones de algunos americanos, y lo mejor que puedo hacer es remitir al lector a sus *Cartas americanas* (Primera serie, *Poesía argentina*, carta IV).

Circunscribiéndonos al *Martín Fierro*, diremos que hay quien ha calificado pomposa y disparatadamente de *idioma nacional* (argentino, se entiende) el castellano popular y neto en que está escrito *Martín Fierro*, repleto, aparte de términos que por designar objetos propios del *Nuevo Mundo* tiene nombres aquí desconocidos, de modismos, fonetismos y formas dialectales tan poco indígenas de la pampa, que aún se usan en no pocos lugares de España.[18] Y cuando los vocablos del *Martín Fierro* no son españoles, son indios, pero no argentinos. ¡Cuándo les entrará a esos *americanísimos* lo que les dijo su compatriota Calixto Oyuela, que «la Historia nos enseña que de los idiomas formados y fijados solo pueden salir jergas informes»! ¡Harto abusan los poemas americanos plagando sus composiciones, sin venir a cuento, de *biguás, caicobés, cipós, ceibós, curopís, chajás, mbu rucuyás, mamangás, ñandús* y otros avechuchos, animalejos y yerbajos, por el solo empeño infantil de hacérnoslos más extraños a los españoles! Algo así como lo que les pasa a los portugueses, los cuales hoy escriben *mythología* con y griega y th, y es casi seguro que deja rían de escribir así para hacerlo como nosotros si nuestra Academia decretara que nosotros lo hagamos como ellos y lo consiguiera.

El caballo es animal europeo, que los españoles llevaron los primeros a América. Allí se multiplicó, recobró su libertad, volvió del estado de domesticidad al de naturaleza bravía, haciéndose cimarrón, y hoy recorren las vastas llanuras americanas yeguadas salvajes que llevan en la sangre de sus venas fuego del Sol de Andalucía. No es el *equus primigenius*; el caballo salvaje *aborígine* es un resto de la cultura caballar española. Algo semejante debe de pasar con los gauchos, que son descendientes de aquellos rudos aventureros españoles que tomaron raíces en las llanuras americanas y de todos los que después se les van agregando. Los que hoy allí (en las pampas) sirven peleando contra el indio, de avanza da a la civilización argentina, son

---

18 Tendría verdadero interés un estudio lingüístico del habla de los gauchos, pero hecho, no solo con fin de corregirles de sus supuestos dislates cuando se establezcan entre ellos escuelas, según el voto de José Hernández, sino ante todo con fin especulativo, como trabajo científico. En general, el fonetismo popular gauchesco, tal como se revela en *Martín Fierro*, es el mismo dominante en España. Por otra parte, si es de esperar tal trabajo respecto al habla gauchesca, no lo es menos con relación a los giros, modismos y al fonetismo popular en España, estudio abandonado entre nosotros, porque nuestros lingüistas prefieren a esta labor en vivo buscar en librotes viejos, y nuestra Academia antes se decide por resucitar un terminacho muerto, pescado con caña en cualquier venerable reliquia del pasa do, que llevar a su *Diccionario* voces populares que corren de boca en boca chorreando vida, frescas y rozagantes [Nota de Unamuno].

los que aquí pelearon en las mesetas de Castilla y Aragón contra el moro, como el *pingo*, su inseparable compañero, es el corcel que aquí caracoleó en los campos de la Reconquista. Debajo del calzón cribado, del poncho y del *chiripá*, alienta acaso el español más puro, porque es el del primer desangre, la primera flor de la emigración, la espuma de la savia española que, dejando casi exangüe la madre patria, se derramó en América.

Y allí siguió siendo nuestro aventurero lo que aquí había sido. El gaucho fue el héroe de la guerra por la independencia americana, esa independencia que nos ha separado para unirnos en unión más alta y más pro funda, en una como integración de lo diferenciado, que diría algún evolucionista. Guiados por Rosas, el descendiente de los condes de Poblaciones, por Rosas, el *tirano* execrado por todos los *cultos* y también por los explotadores, ídolo y protector del gaucho, que hacía correr su nombre al son de la guitarra de pulpería en pulpería y rancho en rancho, guiados por Rosas ahogaron los gauchos la anarquía en Buenos Aires, y ataron sus potros al pie de la Pirámide de Mayo, ellos, los fundadores de la mesnaderos de la Reconquista, fundaron la unidad española. Como éstos, ellos peleaban en las grandes batallas y morían sin dejar su nombre.

Martín Fierro es de todo lo hispanoamericano que conozco lo más hondamente español. Me recuerda a las veces nuestros pujantes y bravíos romances populares.

Cuando el *payador* pampero, a la sombra del *ombú*, en la infinita calma del desierto, o en la noche serena, a la luz de las estrellas, entone, acompañado de la guitarra española, las monótonas sextinas de *Martín Fierro*, y oigan los gauchos, conmovidos, la poesía de sus pampas, sentirán sin saberlo ni poder de ellos darse cuenta que les brotan del lecho inconsciente del espíritu ecos inextinguibles de la madre España, ecos que, con la sangre y el alma, les legaron sus padres. Su espíritu español, al tenderse por la pampa, suspirará por las llanuras de Castilla, y la Cruz del Sur les hablará del Carro que brilla en nuestras noches.

Martín Fierro, poema de un Hernández, hijo de un Hernando español, es español hasta el tuétano. Al oírle cantar sus combates con el indio, parece que resucitan a nuestra fantasía las luchas entre moros y cristianos. Nuestros aventureros que se pasearon por Flandes, Italia y América, dijeron tal vez antes que *Martín Fierro*:

> Vamos, suerte, vamos
> juntos
> Dende que juntos nacimos;
> Y ya que juntos vivimos,
> Sin podernos dividir,
> Yo abriré con mi cuchillo
> El camino pa seguir.
> [VIII, 23.]

Martín Fierro es la epopeya de los compañeros de Almagro y de Pizarra; es el canto del luchador español que, después de haber plantado la cruz en Granada, se fue a la América a servir de avanzada a la civilización y a abrir el camino del desierto. Por eso su canto está impregnado de españolismo, es española su lengua, españoles sus modismos, españolas sus máximas y su sabiduría, española su alma. Es un poema que apenas tiene sentido algunos desglosado de nuestra literatura.

De aquí partió la semilla, y con ella hojas de otoño que el viento arrastraba. Aquélla prendió, se arremolina ron éstas en torno al retoño, allí se pudrieron, formando capa de mantillo que le protegió de los fríos y le dio nuestra savia. Así de las podridas hojas otoñales del árbol viejo tomaron savia las nuevas hojas de primavera que verdean al Sol en el otoño.

Entre los gauchos ha brotado este poema popular, hondamente popular, cuando entre nosotros no se dan ya tales productos; ¿en qué consiste esto?

IV

La poesía popular y la artística, sabia o erudita, tienen un mismo origen, arrancando, como toda diferencia, la que entre ellas existe, de un fondo común a ambas, y estando colmada con matices intermedios y transiciones.

Casi imposible es clasificar a nuestro viejo *Poema del Cid* como popular o como artístico, porque en el tiempo en que fue compuesto, apenas podía darse tal distinción en producciones escritas en el aún balbuciente Romance castellano. En cuanto proceda de juglares o cantores más o menos letrados, podría llamarse artístico; pero como tales cantores vivían en íntima comunión con el pueblo y con él pensaban y sentían, su poema es profundamente popular. Porque el germen del elemento artístico, que toda producción literaria, aun la más popular, lleva en sí, radica su proceder de *un solo autor*, que le da la forma, lo artístico, haya después más o menos arregladores, así como el elemento popular, que por mínimo que sea, encierra aun la composición más artística o erudita, deriva de que ese autor es parte de una sociedad, en la cual vive, con la cual piensa y siente en comunión más o menos íntima, de cuyo espíritu colectivo se alimenta su espíritu individual, de la cual toma las ideas y los asuntos lo popular.

Se suele hacer a las veces tales juicios acerca de los poemas populares, que implican tácita una suposición que expresa no la acepta nadie; la de que no tienen un autor, son hijos de la muchedumbre, han brotado del espíritu colectivo sin mediación de individuo alguno. Bien se ve que esto es un absurdo, pero absurdo que sirve de base a juicios formulados por los mismos que lo rechazan. Los poemas populares tienen un autor, que les da forma, más o menos artística; esto es casi una perogrullada que, como todas, debe repetirse, pues por serlo se olvida, y tienen un autor que, empapado en el espíritu del pueblo, se levanta sobre él, se da conciencia más o menos clara de lo que es inconsciente en aquél, se recoge para resumirlo. Así ha podido decir don Nicolás Avellaneda que José Hernández ha sido uno de los señalados con el «don supremo de recoger lo que es popular, depurándolo y transmitiéndolo para que lo sea más aún».

Podemos indicar de paso que en el genio se verifica el consorcio íntimo entre lo popular y lo artístico, entre el fondo y la forma, es donde las ideas más sociales hallan expresión más individual, por ser el genio quien tiene más individualidad social, quien en la más acusa da personalidad recoge mejor el espíritu colectivo, quien regula las palpitaciones de su corazón por las del gran corazón de las muchedumbres. Su poesía es la más hondamente artística y la más hondamente popular a la vez.

Mas desde el momento en que empieza dentro del pueblo, *populus*, la escisión en clases, la iletrada o plebe, *plebs*, vulgo o populacho, y la culta, la conciencia nacional se desgarra, los que quedan abajo pierden sus videntes. Y así como a medida que los ricos se hacen más ricos, los pobres van haciéndose más pobres cada vez, relativa ya que no absolutamente, así la plebe se hace más plebe, más populacho el populacho, si no en absoluto respecto al grado de cultura que el pueblo en general alcance, cuanto más doctos, refinados y quinta esenciados se hacen los cultos. Es que así como el actual régimen capitalista no permite que se desenvuelva económicamente el proletariado manteniéndole en el mínimo preciso de subsistencia, así también los ideales, las maneras, los procederes y la conducta de los cultos y *personas de ilustración* no permiten a la plebe que des envuelva su espontaneidad, la vician, la ahogan y desfiguran con su contacto. Así nace el chiste chulesco, fruto no pocas veces del empleo disparatado de una lengua o de un modo de pensar inasequible al que lo usa. La plebe vive en un medio intelectual, ya que no espiritual mente, superior a ella, y está desquiciada, desencajada. Puede decirse que no son nuestros saineteros quienes toman sus chistes de los chulos, sino éstos de aquéllos. Y aun cuando en todo lo plebeyo aliente aún el soplo de lo genuinamente popular, nunca extinguido ni aun en nuestras más bajas capas sociales, es, sin embargo, algo repulsivo, brutal, estúpido, porque es un engendro híbrido y como tal infecundo. No son las verdes hojas frescas y jugosas de la selva, son las ahornagadas y secas de la polvorienta alameda de los arrabables. ¿Quién ignora que el populacho de éstos y de los contornos de las ciudades es más brutal, más materialista que la gente del campo puro que respira con el vaho de la tierra el aliento de la patria?

¡Felices tiempos para la poesía aquellos en que la más elevada era popular, porque todos eran pueblo, comían los criados a la mesa del señor, o iban las hijas de los reyes, como la Nausicaa homérica, a lavar sus paños al agua, como canta una canción infantil, es decir, homérica, de corro! Pudo producirse un *Poema del Cid* o una *Chanson de Roland* cuando toda una nación era pueblo y tenía héroes. Hoy los cultos no tienen más héroes que el yo, el insufrible yo, empeñado en ponerse a la vera del camino de la vida a excitar la admiración compasiva de los transeúntes, mostrando líricamente su muñón y llamándoles la atención con acentos plañideros, grotescos o insultantes, y la plebe los tiene y cambia todos los días en el último bandido ahorcado que cantan los ciegos de las plazuelas. Basta, sin embargo, acercarse a cualquier puesto de *pliegos sueltos* para ver junto a los que cantan las hazañas del último bandolero o la última jota de la última zarzuela insípida y de moda, pliegos de Carlo Magno, del Cid, de Oliveros, de Bernardo del Carpio, mezclados con los de José María, Candelas o Espartero.

En España, afortunadamente, ha sido siempre menor que en otras partes la escisión señalada, somos todos más pueblo, *populus*, y a ello se debió la pujante frescura de nuestra poesía genuina y de castiza cepa. Aquí, el romance ha sido campo común en que la poesía popular y la artística, hermanas de origen, se corroboraban y animaban en comercio mutuo; aquí, el pueblo más bajo jamás ha sido sordo a lo nacional. Pero nada de extraño tendría que fuera degradándose nuestra plebe, y con ella el pueblo todo, si los cultos siguen dando en la manía de ir sutilizándose y metiéndose en líos y estetiquerías, en vez de buscar la renovación en la *patria interior*, como el hombre debe buscarla en el lecho del alma, en el lecho sereno y quieto sobre el cual se precipita y corre el torrente de las impresiones fugitivas.

Cuando los doctos, sacudiendo las cadenas, tan educadoras por otra parte, del pseudoclasicismo francés, vol. vieron los ojos a los hasta entonces desdeñados romances populares, la poesía nacional se rejuveneció como por encanto, cobró fuerzas como el gigante Anteo del contacto de la tierra, y sin escándalo de nadie, los poetas doctos, como en el siglo XVI, imitaron los romances del pueblo.

La plebe ha enmudecido y camina a tientas, privada de videntes y guiones, porque los más o menos cultos ni vuelven los ojos a ella ni la toman en consideración, sino a cuenta de curiosidad o *documento*, como a bicho raro, y andan distraídos con nuevas rimas, neo mistiquerías, pseudoidealismos y zarandajas de oficio de toda especie, empeñados en desafinar para hacerse oír sobre los demás, ya que no lo lograrían acaso cantando a coro en el himno nacional.

Volvamos ya a *Martín Fierro*. En la pampa alienta un pueblo acorralado, cierto, por la civilización argentina, pero un pueblo total, íntegro, verdadero trasunto de nuestro pueblo español, cuando en éste brotaron los romances populares, y por esto ha podido allí brotar por ministerio de un hombre más culto que los gauchos, José Hernández, *un poema popular gauchesco, Martín Fierro*. Hoy, que se concede tanta atención a tantos artefactos literarios,

¿sería mucho pedir de los cultos que volvieran sus ojos a un poema popular, rudo, incorrecto, tosco y español hasta los tuétanos?

Salamanca, febrero de 1894.

Revista Española, año I, n.º 1, Madrid, 5 de marzo, 1894, págs. 5-22, en: *Obras completas*, IV, págs. 709-719.

Sobre el estilo de José Martí

Acaba de publicarse el volumen XV de las obras de José Martí, el apóstol y mártir de la causa de la independencia y libertad de Cuba, su poeta también. Este volumen se titula *Cuba* y contiene cartas, discursos y artículos de Martí referentes a la insurrección cubana contra el dominio del gobierno del reino de España. Y dejando por ahora su contenido, del cual como de las doctrinas todas políticas y éticas de Martí queremos escribir con sosiego, vamos a decir algo del estilo, sobre todo del epistolar de Martí, algo del Martí estilista. Estilista, ¿eh?, y no hablista, que es muy otra cosa.

Y a propósito del tomo XV, que contiene los versos de Martí, y más bien de sus versos libres, endecasílabos todos ellos, escribimos algo que el editor de sus obras reproduce al principio de este volumen XV. Y como lo escribimos para el público cubano, queremos reproducir ahora aquí algo de ello.

Decíamos comentando los versos libres de Martí lo que sigue: «En el ensayo que en sus *Familiar studies of men and books* dedicó Roberto Luis Stevenson a Walt Whitman, nos dice hablando del estilo de este formidable profeta de la democracia norteamericana: "Ha escogido un verso rudo, no rimado, lírico; a las veces tocado de un bello movimiento procesional; a menudo tan abrupto y descuidado que solo puede describirse diciendo que no se ha tomado la molestia de escribir prosa". Y este último concepto fue para mí una revelación. En efecto, si como algunos enseñan que ni esto es una reducción de aquello sino ambos diferenciaciones de un estado primitivo de la materia, estado inestable y caótico, es muy fácil que ni el verso sea una sistematización de cierta prosa ritmoide, ni la prosa una reducción del verso —pues hay quienes sostienen que el verso fue anterior a la prosa, porque a falta de escritura se fijaban mejor en la memoria con el ritmo las fábulas, consejas y leyendas—, sino que prosa y verso sean diferenciaciones sistematizadas de una forma primitiva de expresión protoplasmática por decirlo así. Es la forma que representan los salmos hebraicos, la de Walt Whitman y también la de los versos libres de Martí. No hay en ellos más frenos que el ritmo del endecasílabo, el más suelto, el más libre, el más variado y proteico que hay en nuestra lengua. Y más que un freno es una espuela a ese ritmo; una espuela para un pensamiento ya de suyo desbocado».

Cuando escribimos estas líneas sobre los endecasílabos libres de Martí no conocíamos aún sus cartas, sus cartas escritas a vuela pluma, algunas en el campamento, en un estilo taquigráfico o telegráfico, de expresiones torturadas y oscuras, pero llenas de íntima poesía. Son cartas de poeta, no de orador, y menos de discursos. Porque en éstos el poeta intentaba hacer retórica, esto es, oratoria —que no es lirismo— y no le resultaba del todo. Es tan difícil que un gran poeta lírico sea gran orador como que un gran orador sea buen poeta. De nuestro Castelar —cuyas cartas acabamos de leer— no se sabe ni que intentara hacer versos. Sus metáforas son oratorias, retóricas, no poéticas. Y algo así podemos decir de Sarmiento, naturaleza de orador y no de poeta.

El estilo epistolar de Martí en el que aparecen de cuando en cuando endecasílabos y octosílabos, es excesivamente elíptico, torturado, recortado y con frecuencia oscuro. A las veces recuerda al de Santa Teresa. Ni está siempre escrito en prosa, sino en esa expresión informe, protoplasmática, que precedió a la prosa y al verso. Sus palabras parecen creaciones, actos. Están, desde luego, escritas en una lengua convencional, pero de uno que habla consigo mismo, son de estilo de monólogo ardoroso.

«Del exceso de trabajo apenas veo las letras con que le escribo —le escribía al general Antonio Maceo—, y mi corazón está muy henchido para mostrárselo en palabra». Es decir, que de tan apretadas en él ni podían salirle.

De sus *Versos sencillos* decía Martí que fueron como tropel de mariposas que en los días en que los escribió le andaban dando vueltas por la frente y añadía: «Fue como una visita de rayos de Sol. Mas ¡ay!, que luego que los vi puestos en papel, vi que la luz era ideal!» Indudablemente la escritura perjudica a los versos y a las cartas de Martí. A aquel «hombre de verdad y sencillez y no un llena-páginas», como decía él de sí mismo, el papel le estorbaba. «El papel me estorba y quisiera hablarle, quisiera haberlo visto», le escribía a su amigo José D. Poyo. «Ni es más fácil que todo eso ser poeta a la vez en versos y obras», le escribía otra vez a Enrique Varona, y él, Martí, era poeta en versos y obras. Y en cartas. Y en otra carta a este mismo Varona cita unos versos de Miguel Ángel, tan parecido en su poesía a Martí. La de uno y la de otro fueron poesías de escultor de un pueblo.

Habla de continuo Martí en sus cartas de la prisa que tiene, de andar con alas. Devoraba la vida hasta que la vida le devoró. Y se ve que no releía sus cartas. Por lo que no parecen cartas escritas y ni aun habladas, sino mandadas. En cuanto quiere fundir varias oraciones en un párrafo articulado de síntesis de subordinación oratoria, se enreda en aquellas sus proposiciones breves, elípticas y aforísticas, bíblicas, y la cosa le sale mal. Su estilo era profético, bíblico; hablaba mejor, mucho mejor como Isaías que como Cicerón. «Lo que se hace es lo que queda y no lo que se dice», decía, y su decir era sobre todo un hacer, sus palabras eran actos.

De aquí que la prosa epistolar de Martí, llena de hermosas frases poéticas, sea tan a menudo excesiva mente oscura y hasta casi ininteligible. ¿Qué quiere decir, v. gr., esta frase?: «Desde la cama, junto». Ni por el contexto de la carta se deduce. Otras veces inventa giros absurdos como éste: «y no les parece que haya elegancia mayor que la de beberle al extranjero los pantalones y las ideas». Hay que ver: ¡beberle los pantalones! Otra carta empieza con este galimatías: «Amigo queridísimo: Sin brazo, del pulmón que no quiere servir. Hasta el sábado. Cuidado allá que se culebrea. Culebras de Cuba...». Y sigue por este mismo tenor.

Pero, en cambio, ¡qué de expresiones felices! ¡Que de frases en que, según su propia expresión, se acuñaba al propio corazón y «sin miedo a lo dantesco»! Este «sin miedo a lo dantesco» pinta su estilo.

El lector nos va a permitir una pequeña antología de frases de Martí sacadas de sus cartas. Allá va: «Quisiera relámpagos a mi lado». «A la bilis habría que temer; pero ya tengo mi retorta en el corazón y allí endulzo lo amargo», «...le leyó la verdad de las entrañas...», no que le leyese la verdad en las entrañas, sino la verdad de ellas; «de juego con la sangre del país a la carta de la inmortalidad», frase ésta que hay que cotejar con aquella otra, también suya, de que en Cuba la milicia «no pone, como otras la gloria militar por encima de la patria». «Tiene una mano con alas». Aunque para expresiones materializadas, es decir, poetizadas, no hay como aquella en que decía: «Sentía como una piedad en mis manos cuando ayudaba a curar a los heridos...». «¡Que nos vean la vida!», exclamaba una vez. Y esto que decía al contar cómo se encontraron la guerrilla haracona de Félix Ruenes: «Los ojos echaban luz y el corazón se les salía». De una de sus cartas decía que «iba llena de raíz». Y así es, iban llenas de raíz, pero con poco, muy poco follaje.

Y en su lacónica y aforística y taquigráfica brevedad, las frases de Martí suelen ser enfáticas, muy enfáticas, pero de un énfasis natural. «Los dedos se me quejan», dice al comenzar una carta a Serafín Bello, y acaba diciéndole: «Sáquese una página del corazón. Demos de nuestra sangre, si sirve de riego». En otra al mismo: «Recojan almas». Y en otra: «que no tiene después de ellos ponzoña, la villanía». Con esto hay para un poema. Otra vez dice: «Pondré actividad de loco en el empleo de mi razón», y es una de las más felices expresiones que hemos leído. Escribiendo a I. A. Lucena, le dice conceptuosa y conceptísticamente: «Cada cubano que muere es un santo más; y cada cubano que vive debe ser un templo donde honrarlo; así mi corazón lleno de estas memorias, de manera que fuera de ellas no vive, y muere de ellas». Otra vez: «y aunque se echen a comerme las entrañas, yo las sacaré triunfantes en el puño, en el puño. Ya usted sabe cuáles son mis entrañas: la libertad de nuestro país». «Ando como sobre alas», escribió otra vez; «ando» y no «vuelo». «Las guerras van sobre caminos de papel», dice refiriéndose al poder de la prensa. Otras veces habla de «derramamientos de almas», o dice de uno que es «redondo de mente y de razón». «Ya llegará su hora a las puertas, con mi tierra en los brazos y le darán pan y vino». «Que si es noble decir la verdad, lo noble es decir la toda». «En la verdad que hay que entrar con la camisa al codo, como entra en la res el carnicero». «¡Y cuidado, cubanos, que hay guantes tan bien imitados que no se diferencian de la mano natural».

Una vez habla —esto es un discurso— de un «silencio que caía sobre los hombros como una investidura», y en el mismo discurso del «acero de que se fabrican a la vez las plumas y las espadas», y más adelante que «solo desdeña a los demás quien en el conocimiento de sí halla razón para desdeñarse a sí propio».

Y este hombre —y «ser hombre, decía él, es, en la tierra, dificilísimo y pocas veces lograda carrera»— ansiaba amar y ser amado. En sus cartas abundan frases como ésta: «¡quiérame!», «gozo en quererlo»; «es un placer amar»; «no deje de amarme»; «dígame enseguida que me atiende y me quiere, aguardo con el corazón atravesado», y este hombre era, por lo tanto, fundamentalmente un pesimista. «Cuando se está dispuesto a morir se piensa poco en la muerte, ni en la propia ni en la ajena», decía él, que murió por su patria; pero también dijo que padecer «es lo mismo que vivir», que «a obrar bien y no a gozar hemos nacido» y que «hacer siempre es sufrir». No fue nunca un hombre sereno, «una flor de mármol», como le llamaba a Varona, y en la hermosísima carta que escribió a su madre menos de dos meses antes de morir —murió el 19 de mayo de 1895— le decía: «Usted se duele, en la cólera de su amor, del sacrificio de mi vida; y ¿por qué nací de usted con una vida que ama el sacrificio?», y más adelante: «Ahora bendígame y crea que jamás saldrá de mi corazón obra sin piedad y sin limpieza». Y así fue y su muerte la de un mártir, es decir: de un testigo. Testigo, entre otras cosas, de la torpeza de los que le mataron cuando iba a hacer obra de paz, acaso a acabar la guerra como debió haberse acabado.

Pero no entremos en el fondo de las doctrinas y de la historia de Martí. Hemos tratado solo estudiando su estilo de ver en él al poeta, al hombre de realidad y de amor, al que en fuerza de ardorosa pasión veía la realidad concreta y viva y era hombre de acción inmediata como todo verdadero poeta lo es, al que pudo tomar por buena aquella su frase: «Con la realidad y por el cariño».

El estilo es el hombre, se ha dicho, y como Martí era un hombre, todo un hombre, tenía un estilo, todo un estilo. Era un estilista; un escritor correcto, ¡no! ¡Si le coge por su cuenta el gramático y filólogo colombiano don Rufino José Cuervo, cuyas doctísimas *Apuntaciones críticas sobre el lenguaje bogotano* hemos repasado estos días! Si le coge una frase como ésta: «La caridad nos cierra los labios, y el aseo moral». ¿Qué es eso —diría—; es la caridad lo que le cierra el aseo moral o es el aseo moral, con la caridad, los que le cierran los labios? Y a esa frase tan antigramatical precede este estupendo aforismo: «El infierno tiene derecho al cielo y los criminales a la redención». ¿Cuándo ha escrito una cosa así ningún castizo purista? Volveremos a Martí. Y también a Cuervo.

Salamanca, julio de 1919.

La Discusión, La Habana, 21 de noviembre, 1919, en: *Obras completas*, IV, págs. 1036-1039.

Prólogo al libro poesías de José Asunción Silva

(Barcelona. Imprenta de Pedro Ortega, 1908, XIV+ 159 págs.)

Cuando don Hernando Martínez, colector de los escritos en verso y prosa de José Asunción Silva, me escribió pidiéndome para ellos un prólogo, le contesté, no solo aceptándolo, sino dándole las gracias por el encargo. Me parecía poder decir muchas cosas sobre el dulce poeta bogotano. Y me parecía poder decirlas porque en las lontananzas de mi memoria, entre rumor de hojas secas, susurraban retazos de sus cantos. Su letra me había volado, pero me quedaba su música íntima, su música silenciosa, música de alas.

Mas ahora, con la blancura del papel delante, encuentro tan en blanco como él mi espíritu y apenas sé por dónde empezar.

¿Cómo reducir a ideas una poesía pura, en que las palabras se adelgazan y ahílan y esfuman hasta convertirse en nube que la brisa del sentimiento arremolina y hace rodar bajo el Sol, que en su colmo la blanquea y en su puesta la dora? Porque aquí hay versos blancos de mediodía y rojos de atardecer; más rojos que blancos.

Comentar a Silva es algo así como ir diciendo a un auditorio de las sinfonías de Beethoven lo que va pasando según las notas resbalan en sus oídos. Cada cual advierte en ellas sus propios pensares, quereres y sentires.

Lo primero, ¿qué dice Silva? Silva no puede decirse que diga cosa alguna; Silva canta. Y ¿qué canta? He aquí una pregunta a la que no es fácil contestar desde luego. Silva canta como canta un pájaro, pero un pájaro triste, que siente el advenimiento de la muerte a la hora en que se acuesta el Sol.

> El verso es vaso santo; poner en él tan solo
> un pensamiento puro.

Y puros, purísimos son por lo común los pensamientos que Silva puso en sus versos. Tan puros, que como tales pensamientos no pocas veces se diluyen en la música interior, en el ritmo. Son un mero soporte de sentimientos.

Y cuando estos pensamientos se acusan, cuando resalta de relieve el elemento conceptual de Silva, es cuando Silva me gusta menos. Su melancolía, su desesperación no son melancolía y desesperación reflexivas como eran las de Antera de Quental, que, como Silva, se abrió por su mano la puerta de las tinieblas soterrañas. El portugués pensó su huida; el colombiano la sintió.

Y gusto de Silva además porque fue el primero en llevar a la poesía hispanoamericana, y con ella a la española, ciertos tonos y ciertos aires, que después se han puesto en moda, degradándose.

«Todos los hegelianos han sido tontos menos Hegel», suele decir un amigo mío, y aun cuando no esté del todo conforme con el aforismo, reconozco su gran fondo de verdad.

No sé bien qué es eso de los modernistas y el modernismo, pues llaman así a cosas tan diversas y hasta opuestas entre sí, que no hay modo de reducirlas a una común categoría. No sé lo que es modernismo literario, pero en muchos de los llamados modernistas, en los más de ellos, encuentro cosas que encontré antes en Silva. Solo que en Silva me deleitan y en ellos me hastían y enfadan.

Y es que uno dice una cosa, y con ella ilumina o calienta a sus hermanos; la repite otro, y les deja a oscuras y fríos. La idea es la misma; se le apagaron fuego y luz al pasar de uno a otro, y de brasa ardiente y luciente que era, se quedó en carbón frío y oscuro.

Y no es que la originalidad de Silva esté ni en sus pensamientos ni en el modo de expresarlos; no está en su fondo ni en su forma. ¿Dónde entonces?, se me preguntará. En algo más sutil y a la vez más íntimo que una y otro, en algo que los une y acorda, en una cierta armonía que informa el fondo y ahonda la forma, en el tono, o si queréis, en el ritmo interior.

En el ritmo interior, digo, y no en el ritmo mera mente acústico de sus versos; no en el sonsonete más o menos brizador en que cifran su afán tantos versificadores que aspiran a poetas. La música de Silva es música de alas, casi silenciosa, o sin casi.

Y ello cuando Silva dejó que su mano corriera sobre el papel al empuje del sentimiento, no cuando la refrenó y, puesta la vista en la técnica —y en una técnica extraña y pegadiza—, urdió versos como aquellos alejandrinos pareados de *Un poema*.

¿Y este hombre, será olvidado? Me lo hace temer su delicadeza misma, su delicadeza interior. Porque también está olvidado el poeta español que más me le re cuerda, el dulcísimo y delicadísimo Vicente Wenceslao Querol y decidme luego si las «Vejeces» de Silva no es un poema queroliano. Y a Querol le han ahogado trompeterías de clarines y guitarreos de serenata morisca, amén de virtuosismos de bandolina de café-concierto.

Y este Silva, como aquel Querol, como todo poeta de raíz, tenía su infancia a flor de alma. Porque un poeta ¿qué es sino un hombre que ve el mundo con corazón de niño cuya mirada infantil, a fuerza de pureza, penetra a las entrañas de las cosas pasaderas y de las permanentes? Leed la poesía de Silva «Infancia», leed la carta de Querol a sus hermanas, o aquella maravilla de sentimiento que llama «Ausente».

Y era acaso esta santa permanencia de la infancia de su alma lo que le hacía añorar a Silva el reposo eterno de allende la tumba. Cuanto más largos son hacia atrás nuestros recuerdos y más dulces, más largas y más dulces son hacia adelante nuestras esperanzas. Es la brisa que nos viene de más atrás de nuestro primer vagido, de más allá, hacia el ayer, de nuestro nacimiento, la que nos trae recuerdos que, convertidos en esperanzas, al pasar sobre nuestro corazón van, con la brisa misma, brisa de eternidad y de misterio, más adelante de nuestro último suspiro, más allá, hacia el mañana de nuestra muerte. El amor a la infancia y el amor a la muerte se abrazaron en Silva, y ¿quién lo sabe? —solo Dios—, tal vez se cortó la vida por no poder seguir siendo niño en ella. Y

> al dejar la prisión que las encierra,
> ¿qué encontrarán las almas?

Preguntemos más bien, ¿qué dejarán las almas? La de Silva nos dejó estos cantos.

¿Y qué encontró allá?

> ¡Oh las sombras de los cuerpos que se juntan con las sombras
> de las almas!

¡Oh las sombras que se buscan en las noches de tristeza y de
lágrimas!

Este hombre cantó lo que ya no era o lo que aún no era, el pasado o el
porvenir, y en las cosas viejas, tristes, desteñidas, sin voz y sin color, que saben secretos de las épocas muertas, de las vidas que ya nadie conserva en
la memoria, buscó acaso el secreto del mañana, que fue a buscar con anhelo
al dejar, con voluntaria re solución, esta morada de paso y de aflicciones. Y
se hundió en la naturaleza.

Cuna y sepulcro eterno de las cosas.

¿Lo veis? ¿Veis cómo une una vez más la cuna con el sepulcro? ¿Veis
cómo lleva su infancia como ofrenda a la muerte?
¿Encontró la llave del misterio? ¿Leyó el sino en el fondo de las pupilas
inmóviles de la eterna Esfinge?

¡Estrellas, luces pensativas!,
¡estrellas, pupilas inciertas!
¿por qué os calláis si estáis vivas,
y por qué alumbráis si estáis muertas?

Murió José Asunción Silva en Bogotá, su pueblo natal, despojándose por
libre albedrío de la vida.
Días antes, pretextando consultarse sobre una enfermedad, hizo que el
médico le dibujara en la ropa interior el corazón, por el que vivía y por el que
iba a morir. Metió en él una bala. La noche antes leyó, como de costumbre,
en la cama. Dejó el libro abierto, como para continuar la lectura. Era una
mañana de domingo; su familia, en tanto, asistía a los oficios religiosos del
culto católico, a rogar por los vivos y los muertos.
Dos o tres años antes había muerto su hermana Elvira, llevando a la tumba aromas de la común infancia y dejándole soledades. No pudo José Asunción conformarse con el hado. «El Nocturno» —¿qué historia habrá dentro
de él?— fue su adiós a la vida. Iba allá donde acaso las sombras de las almas

se juntan en una y hacen una sola sombra larga, muy larga, infinita, eterna, divina, una sombra tal vez radiante de luz.

¿Qué hizo en su vida? Sufrir, soñar, cantar. ¿Os pare ce poco? Sufrir, soñar, cantar y meditar el misterio.

Porque el misterio da vida a los mejores de sus cantos, y persiguiendo el misterio se cansó del camino de la tierra. Persiguiendo el misterio y tratando de encerrar en sus estrofas las pálidas cosas que sonríen, de aprisionar en el verso los fantasmas grises según iban pasando, como nos lo dice él mismo.

Fue una vida de soñador y de poeta, y de Silva cabe decir que es el poeta puro, sin mezcla ni aleación de otra cosa alguna. Y el mundo le rompió con el sueño la vida.

Murió de muerte; murió de tristeza, de ansiedad, de anhelo, de desencanto; murió tal vez para conocer antes el secreto de la muerte y de la vida.

Se lo preguntó muchas veces, «arrodillado y trémulo», a la Tierra, aguardando en las soledades de ella la respuesta y

> la tierra, casi siempre displicente y callada
> al gran poeta lírico no le contestó nada.

Y como nada le contestase la Tierra, bajó, en busca de contestación, a su seno, cuna y sepulcro de cuanto vive, adonde duerme «lo que fue y ya no existe», a dormir a sus anchas —¿sabedor acaso ya del enigma?

> en una angosta supultura fría,
> lejos del mundo y de la vida loca,
> en un negro ataúd de cuatro planchas
> con un montón de tierra entre la boca.

Y murió también de hambre. De hambre, sí; de hambre de saber sabiduría sustancial y eterna. Murió del mal del siglo, de un desaliento de la vida que en lo íntimo de él arraigó, del «mismo mal de Werther, de Rolla, de Manfredo y de Leopardi»,

> un cansancio de todo, un absoluto

despreciо por lo humano..., un incesante
renegar de lo vil de la existencia
digno de mi maestro Schopenhauer,
un malestar profundo que se aumenta
con todas las torturas del análisis.

Y para este terrible mal le recetaron los doctores madrugar, dormir largo, beber bien, comer bien, cuidarse, diciéndole que lo que tenía era hambre (v. «El mal del siglo»). Y hambre era, en verdad; hambre de eternidad.

Tal es la nota profunda de los cantos de Silva, el que se despojó por propia mano de la carga de vivir. Todas las demás son a modo de acordes o armónicas de ella. Y entre éstas, la nota erótica, o más bien amorosa, en cuanto se trata de amor a mujer.

Silva no es un poeta erótico, como no lo es, en rigor, ninguno de los más grandes poetas. Y estos gran des poetas, que no han hecho del amor a mujer ni el único ni siquiera el central sentimiento de la vida, son los que con más fuerza y originalidad y más intensidad de sentimiento han cantado el amor ése.

Se ha dicho que para aquellos que aman poco —a mujer se entiende—, ese amor les llena casi toda la vida, mientras que en aquellos que aman mucho el amor es una cosa subordinada y secundaria. Y no es paradoja, sino cuestión de capacidad espiritual. Éste puede amar triple que aquél, y, sin embargo, no ocupar el amor sino un tercio y en el otro los dos tercios.

El amor en Silva, como en Werther, como en Manfredo, como en Leopardi, era un modo de dar pábulo a otros sentimientos; en el amor buscó —estoy seguro de ello— la respuesta de la Esfinge. Silva, en sus versos al menos, no se nos aparece un sensual, mucho menos un carnal. Es en ellos casto, castísimo.

No hay rastro en él de esa peste de la carnalidad que no solo mancha, sino arramplona y vulgariza las poesías de tantos de los que le han seguido.

Junto al eterno misterio, ¿qué es una noche de placer? A lo sumo, un modo de acallar el susurro de él, y Silva no trató de acallado sino al despojarse de la vida.

Los jóvenes, cuando salen de la infancia y antes de entrar en la virilidad, en esa edad indecisa y ambigua en que se dejó ya de ser niño y aún no se es hombre, se imaginan que los ojos de la novia son las estrellas mellizas en torno de las cuales gira sumiso el universo todo. Y llega a creerse que todo arte y toda poesía se encienden no más que en la luz de esos ojos. Y, sin embargo, no es la hermosura de Helena, sino la ira de Aquiles, el centro de la *Ilíada*, ni es, en rigor, Beatriz más que un pretexto para la *Divina Comedia*, ni es el amor el quicio cardinal de las tragedias de Shakespeare, ni Dulcinea es más que un fantasma en el *Quijote*, ni Margarita otra cosa que un episodio en el *Fausto*.

Cuando en la literatura de un pueblo se da en cantar ante todo y sobre todo a la mujer por sí misma, es que ese pueblo está enervándose y rebajándose, hasta en el amor.

Y Silva parece como si no pasara por esa edad indecisa y ambigua en que, sin ser ya niño, no se es tampoco aún hombre, sino que su infancia, de la que tan dulces recuerdos canta en sus cantos, se prolongó en la edad madura. ¿Madura? Cortó la madurez al sentir acaso que le ahogaba el verdor, al sentir, como Leopardi, que estamos despojando del verde a toda cosa.

Fue, en rigor, la tortura metafísica la que mató a Silva.

Silva, de una manera balbuciente y primitiva, con un cierto candor y sencillez infantiles, es un poeta meta físico, aunque haya estetas impenitentes que se horroricen de verme ayuntar esos dos términos. Silva me pare ce un niño grande que se asoma al brocal del eterno misterio, da en él una voz y se sobrecoge de sagrado terror religioso al recibir el eco de ella, prolongado al infinito y perdiéndose en lontananzas ultracósmicas, en el silencio de las últimas estrellas.

Y este hombre, ¿dónde se hizo? En Bogotá, en el fondo de Colombia, lejos del tumulto de las grandes avenidas de los pueblos, en un remanso, que aunque no sin sus tempestades interiores, se mantiene aparte de nuestras tormentas de más estrépito que sustancia.

Esa remota Colombia, a la que conocemos sobre todo por la *María* de Jorge Isaacs, es para muchos de los que volvemos ojos inquisitivos a la América española, un país de encanto. No ha mucho volvía yo a visitarlo en una novela de Tomás Carrasquilla y me parecía volver a la España campesina de hace unos siglos. Bogotá —me lo han dicho los que la conocen— da la impresión de una ciudad antigua española, con su reposo cantado por el campaneo de los conventos. Para llegar a ella desde cualquier punto de la costa, se necesitan varios días, parte de navegación fluvial, parte de jornadas en diligencia o caballería. Y para ir de unas a otras capitales, largos viajes también, por escasear los medios rápidos de traslado.

Una población escasa, diseminada en un vasto territorio, adonde no llegan las oleadas de emigrantes que inundan otras tierras americanas, una población que ha conservado tal vez más que ninguna otra de la América española las tradiciones y sentimientos de la apacible colonia. Su lengua, el castellano que se habla y escribe en Colombia, es el que más dejos de casticismo tiene para nosotros; conserva ciertas voces y giros arcaicos que aquí van desapareciendo. Al leer novelas y relatos, sobre todo de la región antioqueña, en el corazón de los Andes, de Carrasquilla, de Latorre, de Rendón, me ha parecido verme trasportado a rincones de una España que se fue o está yéndose.

En estas tierras tan favorables para el arte y la poesía, las novedades europeas llegan, pero llegan despacio, y llegan, acaso, tamizadas. De nosotros conocen las obras, no los hombres; es decir, lo mejor. Cuando va a dar a sus manos el último número de la última revista o el libro reciente, ya no huele a tinta fresca de imprimir.

Su vida social y política interior transcurre con una cierta relativa independencia de los movimientos que a la vez que agitan encadenan las historias de nuestros respectivos pueblos, y es una vida que tiene, por tanto, su sello propio. Un sello que a los españoles nos resulta conocido. Cuando leí los recuerdos de la última guerra civil de allá, de Max Grillo, resurgían a mi mente los re cuerdos de nuestra última guerra civil carlista. No puede darse dos cosas más parecidas. Y allí parece presentarse el que llamamos problema religioso con los mismos caracteres con que aquí se presenta, y lo mismo que aquí creo que allí se presenta el fenómeno del paso de aquella sociedad recogida y patriarcal, pero timorata y tal vez gazmoña e hipócrita, a otra sociedad más batida y aireada a soplos de las hojas todas de la rosa de los vientos del espíritu.

Me imagino, creo que bien, lo que fuera una familia y la vida familiar en el seno de aquella sociedad en los tiempos en que Silva abría su alma al mundo, que son casi los mismos, con diferencia solo de cuatro años, en que yo abrí la mía en un ambiente que estimo no muy distinto del suyo. Y me imagino los vagabundeos del espíritu del poeta en la quietud tranquila de la vida bogotana, en los días iguales.

Digo a los días iguales porque a los que hemos nacido y vivido en estas latitudes, de largos días de vera no y largas noches de invierno, de este acortarse y alargarse las jornadas de Sol, cambio que pone una cierta novedad, siempre vieja, en el curso de nuestra vida, cambio que distribuye nuestro régimen, a nosotros nos es día y de la noche, lo que ese ritmo acompasado y siempre igual de la luz y las tinieblas —como balance de un péndulo— ha de influir en el ánimo. Un poeta colombiano no puede decir como un poeta escocés que el crepúsculo de la puesta se abrazaba con el del alba en la breve ausencia del Sol. La noche de San Juan ni la de Navidad pueden tener allí el sentido que aquí tienen, porque la naturaleza no sirve a la tradición que llevaron los colonos, aunque la tradición perdure.

Pero esta monotonía, este ritmo pendular de los días y las noches, trae consigo una eterna primavera, una apacibilidad constante. ¿No se brizan y aduermen en ella las eternas inquietudes? ¿Y cuando se despiertan, no lo hacen acaso con cierto sobresalto, en la apacible y monótona procesión de los días y los meses?

Nos es difícil, repito, a los que hemos nacido, nos hemos criado y vivimos en zonas de invierno de largas noches y nieves, de verano de largos días y bochornos, que esperamos en cada estación la venidera y según sus vicisitudes arreglamos nuestras ocupaciones, nos es difícil imaginarnos la impresión que esa constancia de la naturaleza ha de imprimir en el espíritu.

Algo de esa impresión puede rastrearse, creo, en el ritmo pendular de los versos de Silva, en la marcha de sus estrofas, por dentro de las cuales circula la tristeza monótona del eterno sucederse de los días iguales de una inalterable primavera. ¿Hay acaso, a la larga, nada más triste que la eterna e imperturbable sonrisa de la tierra? ¿Hay nada más enigmático, nada más esfíngico?

Después de todas estas reflexiones que he ido dejando caer de mi espíritu lleno de las dulces resonancias de los cantos de Silva y ungido con la unción de su poesía, pensé en un principio hablar de cosas técnicas, de la factura del verso, de su música para el oído carnal, de otras casillas análogas. Pero ahora me doy cuenta de que no es de este lugar.

Eso solo importa a los profesionales y no es a éstos a quienes ahora me dirijo. No quiero degradar la memoria de Silva tratándole como a un virtuoso de la literatura en verso. Todas las disputas de escuelas, de conventículos y de catarros pasarán, pasarán los que creyeron conquistar un puesto en el Parnaso por haberse dejado llevar de la rutina de mañana, despreciando la de ayer; pasará el vocerío de los jóvenes profesionales —de esos que hacen de la juventud profesión llamándose a sí mismos con ridícula petulancia, «nosotros, los jóvenes»—; pasarán las caramilladas hueras, pasará el pseudopaganismo afrancesado, pasará... y quedará Silva, que clavó sus ojos en los ojos de la eterna Esfinge y bañó su corazón en el lago —lago de terrible quietud y calma de sobrehaz— de las perdurables e imperecederas inquietudes. Y quedará, además, porque esas inquietudes eternas las cantó como un niño, con su simplicidad, porque el tuétano de sus sentimientos no va ligado a formas de escuela filosófica alguna. Silva volvió a descubrir lo que hace siglos estaba descubierto, hizo propias y nuevas las ideas comunes y viejas. Para Silva fue nuevo bajo el Sol el misterio de la vida; gustó, creó el estupor de Adán al encontrarse arrojado del paraíso; gustó el dolor paradisíaco.

Y Silva será un día orgullo de esta nuestra casta hispánica, que le produjo allá, en el sosiego primaveral de la jugosa Colombia, en el remanso de Bogotá. ¿Quién sabe si cuando aclaman al cielo las lenguas broncíneas de sus campanarios no se unen a su canto los cantos de José Asunción Silva como un entrañable *miserere*?

Miserere, Dómine; compadécete, Señor, de tu siervo y concédele la dulce paz de la infancia, por la que tanto suspiró en los cantos que Tú le inspiraste.

Salamanca, marzo, 1908.

Obras completas, VIII, págs. 961-969.

Amado Nervo, en voz baja

En voz baja, al oído y en recato. En voz baja, de uno en otro, dejándolo caer del oído al corazón; en voz baja. La voz alta, la voz pública, es para hablar a las muchedumbres, en el mercado o en la asamblea, pregonando géneros de comercio o pregonando ideas, ideas de comercio, también. Pero lo lírico, lo verdaderamente lírico, lo íntimo, lo personal, lo que es de cada uno y no de todos, esto, en voz baja. *En voz baja*, como nos da Amado Nervo el alma de su alma.

Este volumen de versos de Amado Nervo, *En voz baja*, es, en efecto, para decírselo uno a sí mismo en voz baja y a solas, en horas de cansancio, de una lucha terrena, que son las horas de anhelo de la lucha celestial.

(...)

Nervo no habla a la masa, sino que habla a cada uno de sus lectores, y le habla en voz baja. Algunas de sus poesías las ha leído en público, en voz alta, en el Ateneo de Madrid. Afortunadamente no se las oí allí, pero más afortunadamente aún, se las he oído leer en voz baja a mí, a mí solo, en su cuarto de trabajo de Madrid, frente a la Casa del Campo, contemplando los dos el fondo austero de los encinares, como fondo de un cuadro de Velázquez bajo el arrebol muriente del ocaso.

Y ahora abro el libro y silenciosamente, en voz baja, en voz del corazón que no llega a la boca, empiezo a recitarlo:

«Madre, los muertos oyen mejor: ¡Sonoridad celeste que hay en su caja! A ti, pues, este libro de intimidad, de amor, de angustia y de misterio, murmurando en voz baja...»

Y empiezo a oír el libro dedicado a una muerta, a una muerta eterna, a la madre, a la madre del poeta. Y ¿no es la madre acaso la inspiradora de la inmortalidad? ¿No cree el hombre acaso en otra vida por haber nacido de madre? Y yo, que no hace un año que perdí a la mía, entro en la obra de intimidad, de amor, de angustia y de misterio de Nervo.

No le habléis de amor. Leo esta poesía y me digo: No, no le habléis de amor, sino dejar que el amor venga a ella sin palabras, en voz baja, más aún, silenciosamente. No le habléis de amor. Los que más hablan de amor son los que menos aman.

Vieja llave.
Esta llave cincelada
que en un tiempo fue colgada
(del estrado a la cancela,
de la despensa al granero)
del llavero de la abuela,
y en continuo repicar,
inundaba de rumores
los vetustos corredores;
esta llave cincelada,
si no cierra ni abre nada,
¿para qué la he de guardar?

¡Hay tantas llaves de éstas! ¡Son tantas las llaves que no abren ni cierran nada y las guardamos con piadosa devoción! Llaves de la ilusión que ni nos la abren ni nos la cierran ya.

Hojeando estampas viejas. En efecto: ¿no existimos acaso antes en otra encarnación, en otra vida? ¿No se explican tal vez muchas de nuestras cosas por nuestra misteriosa preexistencia? Esta enigmática creencia, aun no participando yo de ella —digo, me parece que no la admito en mí, pero ¿quién sabe?—, me ha obsesionado muchas veces. Más de una vez, al leer cosas de hombres que murieron antes de que yo naciera, me he dicho: «Pero si esto lo escribí yo». O al leer la vida de alguno de ellos, me he dicho: «Pero si éste fui yo». ¡Quién sabe...!

Tal vez. También muchas veces me ha obsesiona do el estribillo de esta tan íntima poesía de Nervo: «Alma, tal vez estoy muerto y no lo sé...; como Don Juan!». Y allí, en aquel cuarto de meditación del poeta, a la vista de aquel campo que a horas parece de otro mundo, hablábamos de estas cosas, de estas ultratumberías, que a Nervo, como a mí, le preocupan.

La bella del bosque durmiente. A todos nos espera nuestra bella del bosque durmiente, la que con nosotros envejece y se remoza para los mozos, la que es niña para el niño y para el viejo vieja.

En la roca más hostil. En esta poesía me detengo en aquello de este nuestro siglo, «que pudiéndolo todo, no ha podido ser feliz!» ¿Y en qué consiste la felicidad? ¿Consiste en desposarse con la ilusión o en renunciar a ella?

> Pero no, mente influida
> por los abuelos, no así
> razones; ten fe en tu siglo,
> que de uno en otro desliz,
> que de uno en otro tanteo,
> que de uno en otro sufrir,
> que de uno en otro problema
> lleva en pos de excelso fin
> su santo botín de enigma
> que en flor de luz se ha de abrir.

Sí, tengamos fe en nuestro propio siglo; ¿en cuál otro, si no, la hemos de tener?

> Interrogación.
> Si tus pálidas manos me bendicen,
> iré tras de la Esfinge, a los desiertos,
> a preguntarle aquello que no dicen,
> inexorables en callar, los muertos.

Y yo iré tras de la Esfinge, aunque tus manos pálidas no me bendigan; iré en busca de la bendición de la Esfinge. Porque también ésta, también la Esfinge bendice con sus garras leoninas, levantándolas solemnemente a la altura de sus alas de águila.

Deprecación a la nube. «Lleva en su cuello el cisne la inicial del sueño». Esto me parece una caída, una sutileza muy poco poética. Porque la S que forma el cuello del cisne es inicial de muchas otras palabras, y porque eso solo resulta en castellano o en lengua en que empiece con S el nombre de sueño, y con nuestra escritura. Y es lástima, porque el resto de la poesía es hermosísimo.

Novissima verba. ¡Qué íntimo, qué profundo es todo esto!

> Mi buen hermano,
> oye con atención esto que digo,
> y que no te conturbe: ¡Dios sí existe...!
> ¡Nosotros somos los que no existimos!

«¡Paradoja!», exclamará alguien. «¡Extravagancia!», otros, y los más dirán: «¡En verso puede pasar...». Sin embargo, no otra cosa dijo en prosa y en prosa didáctica, y en latín escolástico, y *more geometrico* aquel trágico judío de Ámsterdam que se llamó Baruc Spinoza.

¡Nosotros somos los que no existimos! Solo existe lo que permanece y queda: Dios; no lo que pasa, no el hombre, no este sueño de una sombra.

La sombra del ala. ¿Qué os he de decir de esto yo, yo, que vivo aguijoneado por la sed y el hambre de Dios, «invocando al infinito», «empeñado en producir ideal», como aquí canta el poeta? Y como al poeta, me asedia el torturador «quien sabe». Muchas veces he dicho, y ahora repito con él:

> De todas suertes, me escuda
> mi sed de investigación,
> mi ansia de Dios, honda, muda,
> y hay más amor en mi duda
> que en tu tibia afirmación.

Dudar es acaso la manera más humana y más íntima de creer (os remito a mi *Vida de Don Quijote y Sancho*).

¡Muerte! En voz baja, temblando de emoción y de recuerdo, me leyó Amado Nervo, allí, en su recogida celda, esta hermosísima elegía a su madre, y en voz baja, temblando de emoción y de recuerdo, volví yo, inmediatamente, a leérsela a él. Esto fue allá en noviembre pasa do, a los tres meses de haber perdido yo a mi madre. Y luego he leído otras tres o cuatro veces más esta flor de ternura:

> ¡Oh, padre de los vivos!
> ¿adónde van los muertos,
> Señor, adónde van?

La muerte es la suprema revelación de la vida. El hombre entra en la pubertad espiritual el día en que se le revela el misterio de la muerte, el día en que compren de que morimos.

> Acaso está muy sola.
> Tal vez, mientras yo pienso en ella, está muy triste;
> quizá con miedo esté.
> Tal vez abre a sus ojos algún arcano inmenso.
> ¡Quién sabe lo que siente, quién sabe lo que ve!
> Quizá me grita: ¡Hijo!, buscando en mí un escudo.
> (¡Mi celo tantas veces en vida la amparó!)
> Y advierte con espanto que todo se halla mudo,
> que hay algo en las tinieblas, fatídico y sañudo,
> que nadie la protege ni la responde yo.
> ¡Oh Dios, me quiso mucho; sus brazos, siempre abiertos
> como un gran nido, tuvo para mi loco afán!
> ¡Guiad hacia la vida sus pobres pies inciertos...!
> ¡Piedad para mi muerta! ¡Piedad para los muertos!
> ¿Adónde van los muertos, Señor, adónde van?

¡Basta! Leedlo vosotros, pero en voz baja y a solas.

Al viento y al mar.

> Poco sé decir,
> poco sé pensar.
> Al viento y al mar
> les voy a pedir
> mi nuevo cantar.

¡Al viento y al mar! El viento y el mar son los más constantes. Nuestras vidas, ¿son acaso más que ráfagas de viento, olas de mar? Y lo último que quede, lo que flote sobre las ruinas de los mundos todos materiales, ¿no será tal vez la palabra, ráfaga de viento, la palabra por la que toda cosa ha sido hecha?

> «Pourquoi faire?»
> ¿Por qué ir a otra estrella? ¿Qué veremos en ella?
> Lucha, injusticia y llanto (si hay una humanidad);
> paisajes semejantes a los de este planeta:
> bellos cuando fingidos por mente de poeta,
> pero tal vez monótonos, tristes en realidad.

Sí; adondequiera que vayamos después de la muerte, hay muchas probabilidades de que no saldremos ganando, por malo que se suponga a este mundo.

Mis muertos. Esta poesía me recuerda la de la vieja aquella de que nos habla Guerra Junqueiro, y lo de Gabriel y Galán en la elegía a la muerte de su padre, cuando pedía a Dios vivir «porque mis muertos no mueran». Pero al cabo los muertos vivos, los muertos que viven en el recuerdo, ¡mueren también! *Etiam ruinae periere,* hasta las ruinas perecieron —suspiró el melancólico, dulce Virgilio.

Al viejo solar. Este viejo solar es la tierra de Castilla. Todo está muy bien, menos acaso lo de «Ambiente vasto de Puvis de Chavannes en tierras de Castilla?». Si fuera Velázquez... ¡Y lo de Burgos «huraña»! ¿Huraña Burgos?

Todo es según el color del cristal con que se mira. Y aquí acaso falta Salamanca, que Nervo no conoce; falta Zamora. Pero Zamora y Salamanca no son tal vez Castilla: son tierra de León.

Y luego vienen impresiones de viaje de Irlanda, de Flandes y flores del camino, como el poeta las llama. De ellas, de estas flores del camino recojo la visión de aquella abuela de cabello cano que templaba la risa insana de su nieta «con el fulgor de Luna de su melancolía». Y me acuerdo de la mía, de mi abuela, de la madre de mi madre, mujer trabajadora y fuerte, de quien fui yo el nieto favorito.

Cuando en casa hacíamos resonar el piso con el alboroto de nuestros juegos, mi abuela nos repetía sentenciosamente aquellas salomónicas palabras: «Vamos, vamos, niños; que quien siembra risas, recoge lloros». No era, sin embargo, melancolía: era austeridad la suya.

Al despedirse de la Exposición de París, exclama Nervo:

¡Partid, aviones locos! ¡También yo torno a casa;
mi dama, la quimera, me aguarda y está sola!

Esto me pasa a mí en todos mis viajes; siempre vuelvo anhelante, como el avión, al recogimiento de mi casa, donde me aguarda la quimera. Solo en mi casa, solo en mi nido puedo soñar. No ha llegado hasta mí la poesía de Childe Harold. Los viajes me son muy gratos; sí, muy gratos, muy fecundos; pero es para hacerme amar aún más mi hogar, mi hogar donde está sentada y aguar dándome siempre la quimera.

A otro artista. «Ten el santo valor de tu tristeza», le dice el poeta, y le dice muy bien; pero ¿no le parece a Nervo, como me parece a mí, que a muchos artistas hay que decirles: «Ten el santo valor de tu alegría»?

Porque esto de la tristeza y la alegría poética pare ce se convierten en cosas de moda, y en unas temporadas se lleva la una, y en otras la otra.

A Lucerna. ¡A Lucerna! Esto es una evocación para mí. Esto me quita veinte años de encima y me vuelve a la primavera de mis veinticinco años, cuando paseé mis melancolías por el lago de Lucerna.

El poeta no sabe, Lucerna,

> si tus lagos son azules de mirar tanto tus cielos
> o tus cielos son azules de mirar tanto tus lagos.

¡Oh, aquellos mis ensueños azules, que pasé entre el azul de las aguas y el azul de los cielos de Lucerna! Suiza me recordaba a la Vizcaya de mis ensueños de los veinticinco años. La criada del Hotel Engel —o de l'Ange—, al decirle que era español, se echó a reír. Y luego me encontré, al llegar, con un cielo bilbaíno, gris, humoso, y eso que era en julio. De noche, reflejadas las luces de Lucerna en el lago, con sus puentes, me pareció vista de estereóscopo, de esas en cartón, al que se pica y se ve luz a través de papelitos de colores. Y las comidas de aquel Hotel y el vinillo Markgraefler —entonces yo toda vía bebía algo de vino—, y el aire fresco y ambiente campesino. Y la subida al Pilatus. Aun no había leído el *Obermann*. Y allí, en el Pilatus, eché de menos el Pagazarri de mi Bilbao. Y a la noche, vuelto a Lucerna, escribí con mi mano juvenil estas palabras, que saco de mi diario de viaje: «¡Qué ganas tengo de volver a él (a mi Bilbao), a recogerme en mi cuarto, donde están mis libros, a recoger mi cabeza en la almohada en que he soñado mis mejores sueños! ¡Pobres Alpes! ¡Guernica! ¿Mi Guernica! ¡El Oiz extenso, grande, sereno; el Oiz que ha contemplado mis goces...! ¡Qué ganas tengo de volver a mi país!».

Esta es la ingenuidad de mis veinticinco años, cuan do tenía en Guernica mi novia. Ya entonces no tenía vocación de viajero. Lucerna me hastió pronto. Y, sin embargo, Lucerna lloró mi partida: cuando salí de ella estaba lloviendo.

Después de este recuerdo de la primavera de mi vi da, que el poeta ha evocado en mi pecho, voy a dejarle. Voy a dejarle por ahora; pero para volver a él fielmente, de tiempo en tiempo, cuando me lo pida el alma, para leerle a solas y en voz baja, en voz muy baja, a mi oído.

He aquí uno de mis fieles amigos, un amigo que no me molestará con impertinencias ni romperá el ritmo de mi vida interior. Siento una profunda hermandad entre su espíritu y mi espíritu, siento que es una misma la esfinge que nos reúne y ampara bajo sus alas aguileñas, siento que hemos bebido agua de la misma fuente, del mismo lago negro, negro, por estar sombreado por la sombra de los mismos cipreses. ¡Cuánto me queda aún por decir, cuánto le queda aún por decir a Nervo de ese lago! Tengamos, amigo Nervo, el valor de nuestras inquietudes y nuestras quimeras, y tengan otros el valor de las suyas o el valor de su falta de inquietud, de su odio a la quimera. Así es como se vive. Así es también como se muere. ¿Y después?

Salamanca, mayo de 1909.

La Nación, Buenos Aires, junio, 1909, en: *Obras completas*, IV, págs. 949-956.

Una novela venezolana

Ídolos rotos

Novela, por Manuel Díaz Rodríguez. París.
Imprenta española de Garnier, Hermanos, 1901. 3, 50 francos.

En el número de *El Cojo Ilustrado*, de Caracas, correspondiente al 1.º de febrero de este año, dedicábame Pedro Emilio Coll unas *Notas sobre la evolución literaria en Venezuela*, notas tan juiciosas y sugestivas como cuanto Coll hace. Empezaba haciendo constar en ellas cómo son las repúblicas americanas crisoles de fusión de razas; cómo en Venezuela, «con el sombrero de palma y la alpargata que viste, va el extranjero como absorbiendo por los poros el alma nacional, alma que no puedo definir —dice— a fuerza de estar llena de contrastes, que es compleja y primitiva, exhuberante y árida, desordenada y monótona, bulliciosa y triste...» Es un alma que conocemos, por tener en casa la gemela; pero que de complejidad creo tenga poco. Respecto al lenguaje, de que a seguida trata, solo se me ocurre que las hablas populares americanas, criollas, están mucho más cerca de hablas populares de la Península de lo que los doctores Abeille creen. Todo el mundo ha notado aquí el parentesco entre el dejo americano y el andaluz. Cuéntanos luego Coll cómo ya desde fines del siglo XVIII «los libros de los enciclopedistas preparaban en Venezuela, no solo la revolución política, sino la literaria», y cómo «después de la Independencia quedó casi roto el cordón umbilical que les unía a España». Ese casi es bastante elástico, porque cada día me convenzo más de que hay mucho de espejismo en esa ruptura. «Desde entonces la literatura francesa ha ejercido preponderancia en las letras venezolanas, y muy pocos serán los que desde don Andrés Bello hasta hoy no se hayan embriagado alguna vez, cuando no con puro vino de Champaña, con agua del Sena.» Y con Quintana, Espronceda, Zorrilla, Campoamor, Bécquer, Núñez de Arce... aunque sea a hurtadillas. Apunta luego que allí, como aquí, la literatura no da de vivir, «es una manifestación de vanidad, de vida interior que busca expansión, lo que se quiera; pero es lo cierto que de antemano sabe el autor que de la edición de su libro la mitad circulará gratis entre los amigos, y la otra se empolvará en los estantes de las librerías». Y como el escritor no cuenta con público, «no trata de complacerlo ni de conocerlo», existe un divorcio entre el público y los escritores, «un gran desnivel intelectual entre muchos escritores y la gran masa del público, un conflicto que puede ir en aumento y dar por resultado que la literatura no pueda ejercer su alta misión social». Vuelve luego a hablarnos de la influencia francesa, apuntando el parecer de que «es posible que más recientes y poderosas influencias orienten en otra dirección las ideas y sentimientos» de los pueblos americanos. Algo de esto se observa ya; quebrántase no poco el exclusivismo, más aparente que real, de la influencia literaria francesa, dañoso como todo exclusivismo lo es. Pasa luego Coll a trazarnos un rapidísimo bosquejo de la historia de la literatura venezolana en los últimos treinta años. Recientemente ha nacido allí lo que llama el *estilo artístico*, «el amor a los bellos vocablos, el culto del dolor y del matiz». En este período de la evolución literaria estamos», dice. iOjalá, sin perder el *estilo artístico*, lleguen pronto a la literatura de ideas, de que, atacados como nosotros de *ideofobia*, parecen tantos americanos huir, a la literatura de rico contenido, algo más desembarazada de flores, gemas, joyas de similar, oro de alquimia e insípidas drogas de alambique! Mucho puede hacer en tal rumbo el robusto sentido de Coll. Quien nos cita luego los nombres de la juventud literaria venezolana, para concluir sus *Notas* con ciertas consideraciones a que he de volver.

Entre los nuevos escritores de quienes Coll en sus *Notas* nos habla, está Manuel Díaz Rodríguez, de quien Rubén Darío, en una carta a *La Nación* de Buenos Aires, sobre *La novela americana en España*, carta publicada con las demás en el interesantísimo y reciente libro *España contemporánea*, había dicho: «Venezuela ha tenido novelistas locales cuya obra total se esfuma ante un solo cuento de Díaz Rodríguez. Este escritor podría darnos la novela venezolana, americana; pero se queda en su jardín de cuentos, de innegable filiación europea». Y he aquí que Díaz Rodríguez, dejando su jardín de cuentos, nos ha dado una novela venezolana, americana: *Ídolos rotos*.

Conocíamos a Díaz Rodríguez por sus *Cuentos de color*, sus *Confidencias de psiquis*, y sobre todo por sus libros *De mis romerías* y *Sensaciones de viajes*, que nos le presentaban como viajante en arte, peregrino en busca de emociones estéticas. Y el peregrino, volvió a su patria, y la contempló, y sintió amargársele el alma, y huyó de ella y escribió un libro doloroso, *Ídolos rotos*, cuya explicación está en su última página, en aquel «Caracas-París, 1899-1900», después de las dos palabras con que la novela termina: *Finis Patriae.*

Hay en *Ídolos rotos* dos cosas: el cuento o argumento y el ambiente en que se desarrolla éste, la melodía y su orquestación sinfónica. Y en rigor no cabe decir que surjan una de otra: ni el cuento me parece condensación del ambiente venezolano, tal como el autor nos la pinta, ni es la orquestación novelesca expansión del cuento. Es una historia parisiense de un artista aparisiensado en medio de la vida de una agitada república americana. En es te contraste estriba el valor todo, que no es chico, de la novela, novela profundamente típica y reveladora.

El cuento o relato central lo es de los desengaños de Alberto Soria, a quien su padre enviara a París a que completase sus estudios de ingeniería, y que, abandonando en la gran ciudad las matemáticas por el arte, se hizo escultor, que ganó de pronto nombre y gloria con su *Fauno robador de Ninfas.* Conviene fijarse en este asunto de su escultura, como hondamente típico: los faunos, sátiros, centauros, ninfas, etc., juegan gran papel en el modernismo americano. Tiene que volver el artista a su patria, adonde le llaman sus hermanos y su padre achacoso, y vuélvese a ella dejando en París, ¡claro está!, a la mujer de hermosa cabellera rubia, «llamarada de Sol cuajada en finísimas hebras áureas» que, entre lágrimas, le dio al partir el último beso, despedida descrita en verdadero *estilo artístico.* Todo el relato de estos años de la vida de Alberto y el de sus primeras melancólicas impresiones al volver a su patria es de una suave intimidad, expuesto de una manera seguida, fluyente, mansa, sin escabrosidades ni salientes, familiar y plácidamente. Y llega Alberto a su casa y se encuentra con su padre achacoso, con el atolondrado de su hermano Pedro, y con su hermana Rosa, desgraciada en su matrimonio. Y siente tristeza al salir a la calle y ver el pueblo de su infancia, las sórdidas callejuelas enardecidas por el Sol tropical, y el feo cajón del tranvía. Prosigue Alberto cultivando su arte en aquella pesada atmósfera de politicastrería, letal para todo ideal artístico; hace su *Criolla* y se enamora de María, la íntima de su hermana. Pero le asaltan celos retrospectivos del primer novio que María tuvo, y acaba con estos amores narrados con íntima dulzura, en relato lleno de exquisitos pormenores. Mueren en él esos amo res, y nácenle otros, con Teresa Parías, casada; los inevitables amores adúlteros, con las inevitables «dulzuras del pecado». Aquí es donde alcanza su mayor tensión el cuento, en el relato de estos amores y en la presentación de Teresa Parías, la pagana de «alma católica», la beata sensual que «para su amor necesitaba de una atmósfera mística», porque sin ella no era «ni bastante sensual ni bastante profundo»; amor que «parecía alimentarse de rezos y de devoción», pues «cuanto más blancas y numerosas las plegarias, más numerosos y encendidos los deseos», hallando Teresa «su más alto gozo en sentirse deslizar y caer en la culpa, después que la oración y las penitencias limpiaban su alma de inmundicias». El carácter tiene, como se ve, poco de nuevo: desde Flaubert acá, y aun allá, reaparece como estribillo en la novela francesa; pero no cabe negar que Díaz Rodríguez nos le reproduce con nueva fuerza, nos da un nuevo ejemplar de él profundamente estudiado. Acaso fuerce la nota cuando, tras las citas en los templos, viene la escena aquella *sacrílega* de la procesión, en que lleva Teresa a Alberto de la mano tras el Santísimo. Y como es de suponer, reproduce Alberto, el escultor, a su querida, en barro, haciendo de Venus. Y la voluptuosidad va matando «los audaces alientos del artista y los nobles alientos del patriota», como era también de esperar. Y estalla en esto la revolución —estamos en una república hispanoamericana— y Alberto tiene que huir, y en su ausencia entra María en su taller y en la alcoba del adulterio, y presa de furor, lo rompe todo, y la revolución triunfa, y conviértese en cuartel la Escuela de Bellas Artes, y cuando al volver Alberto ve las profanaciones de la soldadesca, se enfurece y acaba vencido.

Tal es el cuento, cuento sencillo, no muy original sin duda, acaso un poco artificioso a ratos, cuento de *innegable filiación europea*. Este cuento se desarrolla en una novela «venezolana, americana» porque lo importante aquí es el modo de contarlo, su desenvolvimiento y, sobre todo, la orquestación, o si se quiere el fondo del cuadro.

Es el libro de Díaz Rodríguez, además del desarrollo verdaderamente artístico de un cuento parisiense, la protesta de un artista, lleno de ansias de ideal y de patrióticos anhelos, contra un pobre pueblo entregado a la más baja de las políticas y a las concupiscencias de generalotes y aventureros. Estalla a cada paso en él el odio a la política, el odio a la «democracia andrajosa» en que se ahoga «el doctorcito liberal que hace estatuas» —he aquí una frase de las que no inventa un novelista—, el odio a «los doctores que después de esperar inútilmente una clientela se resignan a deponer su título y su honra ante el último general triunfador y semibárbaro, desecho y fruto de las guerras civiles». Es un odio que le arranca palabras duras, juvenalescas, sobre el «cucurbitáceo testuz del César criollo», de «instintos de lobo», del César que, vencido, «de la infamia de su grosero y criminal cesarismo corrió a la infamia de la fuga y a la infamia del destierro fácil, apacible y dorado, en una gran ciudad lejana y opulenta», sin «el supremo acto de belleza» de los Césares verdaderos, los de Roma y Bizancio, «que se traspasaban el corazón con sus propias manos»; palabras duras sobre los «matones, desechos de patíbulo». Quería Sandoval purificar con el arte aquel ambiente, redimirlo: «Es necesario obligar a los ojos a posarse en la escultura y el cuadro; es necesario obligar, siquiera un día, a los dignos habitantes de nuestra muy culta ciudad a ennoblecerse los ojos, antes de cerrarlos para el sueño, con la visión de una obra de arte», y por esto aconseja a Alberto que exponga su obra en el café, adonde van todos «los hombres a beber la indispensable copa de brandy, el brebaje más embrutecedor y venenoso y uno de los principales factores de "nuestra grandeza material y política", y las mujeres a continuar el flirt emprendido en el teatro o en la plaza». Una palabra bella y luminosa de ciencia o arte, pronunciada en ocasión propicia, tiene un alcance incalculable aun para quien la pronuncia y siembra como simiente de oro; «pero el arte y la ciencia en nuestros pueblos jóvenes, en nuestras democracias recién nacidas, no pueden ser sino lujo superfluo o armas útiles». Y Emazábel expone que debe guardarse el lujo como ornato personal, «gala y sonrisa de nuestra vida interior»; pero esgrimiendo las armas para el bien del país y en propia defensa, pidiendo que no sigan «el escritor escribiendo su libro, el escultor esculpiendo su estatua, el estudioso hundido en sus meditaciones y problemas, en cerrados todos en un individualismo salvaje, cada cual sobre su propio surco, sin importárseles nada del vecino». ¿Decía esto Emazábel para Venezuela tan solo? Mas ¡ay! que «en una atmósfera llena de miseria y fealdad política no cabe una chispa de arte, ni un fulgor de belleza». «Había llegado a entenderse por verdadero demócrata un hombre desnudo de méritos, desprovisto de luces, un semibárbaro atado a groseros vínculos zoológicos, falto de pulimento, recién venido de la hez para honra y glorificación de la canalla». ¿No veis en esto todo eco vivo, sentido, hecho propio de doctrinas renanianas? ¿No os acordáis del evangelio del *Ariel* de Rodó? ¿No veis anhelo a un mundo nuevo en el *Nuevo Mundo*?

La obsesión es París, Cosmópolis. «Teresa, igual a tantos otros que no traspusieron jamás los límites de su patria, se presentaba a París como el más acabado resumen de cuantas delicias y primores abarca el Universo.» Esta Teresa es americana, es en gran parte la juventud americana: nuestras Teresas, las españolas, no sueñan en París, algunas apenas saben más que su nombre. La obsesión es París; pero Emazábel conoce su maleficio, sabe que «con los daños, cada vez mayores, del cosmopolitismo en su país, y quizás en todos los pueblos de la tierra latinoamericana, era posible hacer un gran volumen, al cual se diese por solo título "París", porque si otra ciudad europea y alguna de la América sajona ejercen, al igual de París, grande influencia nociva en el desarrollo y costumbres de aquellos pueblos, París, que en el mal, en los vicios y en la seducción compendia a todas las ciudades, había de compendiadas, así como en la culpa, en el reproche». Todo lo que a esto sigue, en la página 202, acerca de la broza desdeñable que París derramaba de vez en cuando en forma de lechuginos y damiselas *inconformes*, es de oro, y me cuesta vencer la tentación de reproducirlo; pocas veces se ha llegado tan hondo como aquí llega Díaz Rodríguez al señalar entre las causas de desamor a la patria «el perpetuo bochorno de los mediodías y el polvo de las calles». El libro alcanza en estos pasajes valor de profundo estudio sociológico, sin perder nada de artístico, de libro de historia interna, que me confirma en preferir, como prefiero, las novelas a los corrientes libros de historia. Citaré aún esto: «Almas de simples, casi beatas e inocentes, París las devolvía monstruosas, como si la gran ciudad, merced a un maleficio, despertase bajo la corteza del hombre medio civilizado al hombre-bestia de las cavernas palustres». Todo lo que dice Emazábel debe reproducirse en alguna de nuestras revistas.

Pero aún más adentro del alma de su pueblo, al meollo tal vez de la incipiente alma americana o criolla, llega Díaz Rodríguez en su precioso libro,

libro austero y doloroso, y llega a eso con noble amor de verdad y de sinceridad. A Teresa, sin dejar de ser una mujer de carne y hueso, puede tomársela de símbolo, de símbolo de la voluptuosidad, con su cortejo de tristeza, y la voluptuosidad, unida al espíritu sanguinario, embota muchas al mas. En uno de aquellos bochornosos días tropicales, durante la «fiebre de la tierra», mientras admiraba Alberto el incendio de la roza, «creyó ver la explicación de la última época de su vida, creyó ver la explicación de la vida alborotada de las gentes de su país, y creyó penetrar el secreto del alma de aquellas comarcas, triste, ardorosa y enferma. Las purpúreas coronas de llamas de la roza eran las únicas dignas del dios de aquellas comarcas, un dios indígena, semibárbaro y guerrero, cruel y voluptuoso, un dios que fuera al mismo tiempo el dios de la Voluptuosidad, la Codicia y la Sangre».

Y aquí estriba, a mi parecer, aunque Díaz Rodríguez fuerce la nota, la raíz de la diferencia entre nosotros los españoles, por la mayor parte de altas mesetas de duro clima, y los hispanoamericanos de fértil suelo, y la raíz de la fascinación que sobre ellos el espíritu, profundamente sensual, ejerce. Porque nosotros, en nuestras montañas o en el duro suelo, y bajo bruscos extremos de calor y frío, nos hemos hecho austeros y graves, no tenemos la obsesión afrodisíaca. Nada en el fondo menos erótico que la genuina literatura castellana; la *joie de vivre* no la conocemos como en las grasas llanuras, en las *plaines plantureuses* de Francia la conocen; nuestra vida es sueño, y nuestra obsesión ha sido la muerte. Llega el español al misticismo, pero no es sensual; le ha costado mucho siempre vivir y vivir entre duelos y quebrantos y ayunando. El honor calderoniano no se nutre de celos carnales. No somos ni lógicos ni sensuales como el francés.

Y llega el final, un final tremendo. Vencedor el general Rosado, entran sus tropas en Caracas y ocupa la soldadesca la Escuela de Bellas Artes convertida en cuartel. Hay allí blancos «cuya blancura servía de realce a la amarillez paludosa; negros casi puros de las poblaciones costaneras, con escleróticas muy blancas y almas fatalistas; gestos duros, batalladores e inteligentes de mulatos; y gestos apacibles de indios, de mirar melancólico y dulce». Corre Alberto a ver qué se ha hecho de sus estatuas, y ve allí profanadas las obras de arte, reproducciones y originales. Apolo y Antíoco rotos, y por el suelo boca abajo, y «ambos como supliciados a traición, lucían en la espalda, en lo más bajo del dorso, la boca de una herida profunda». Las Venus boca arriba. Y aquí nos cuenta el autor, con desnuda crudeza, la bestial profanación que aquellos bárbaros cometieran. Romero «no podía menos de pensar en una como epopeya gigantesca y terrible, la epopeya de la Sangre y la Lujuria, desarrollada en la noche de las cavernas prehistóricas». Sobre la Ninfa y la Venus criolla de Alberto parecía haberse encarnizado la furia de los bárbaros en celo. Ante tan repugnante espectáculo se desgarra el alma de Alberto, que exclama:

«—¡Y nosotros que teníamos la candidez de pensar en el arte como en un medio de regeneración política! ¡Blasfemos!... ¿Ves? ¿Ves? Por aquí pasó la Bestia, la gran Bestia impura. ¡Ah, la Democracia! ¡Nuestra Democracia! ¡Nuestra *santísima* Democracia!»

Y concluye Alberto comprendiendo que «nadie tiene derecho a sacrificar su ideal», que «el supremo deber de un artista es poner en salvo su ideal de belleza», que nunca realizará su ideal en su país, que nunca podrá vivir su ideal en su patria, y preguntándose: «¿Acaso es ésta mi patria? ¿Acaso es éste mi país?» Y antes que en lengua bárbara la bota férrea de nuevos conquistadores, la de los bárbaros de hoy, venidos también del Norte como los bárbaros de ayer, la estriba para la turba infame, ciega ante la verdad, sorda al aviso, el artista calumnia do, injuriado, humillado, escribió con la sangre de sus ideales heridos, dentro de su propio corazón, por sobre las ruinas de su hogar y sobre las tumbas de sus amores muertos, una palabra irrevocable y fatídica: *Finis Patriae*.

Así termina este libro doloroso que ha de escandalizar a los fariseos y poner a los saduceos en cuidado, este libro de amarguras, decepciones, desdenes y melancólicos recuerdos. No he podido resistir a transcribir párrafos enteros de él; mi labor ha sido de condensación y ordenación. Y ahora, ¿quién se extiende en el haz de problemas que tal libro sugiere? Los *sugiere*, no los plantea, y por esto es artístico; no es un tratado de sociología, es una novela.

Dije que el cuento y el fondo de la novela, que la cantata y su orquestación, eran cosas distintas; que se trataba de un cuento, de *innegable filiación europea*, y mejor que europea parisiense, desarrollado en una novela *venezolana, americana*; pero ¿no hay modo de en lazarlos? ¿No hay acaso punto de unión entre el autor del *Fauno robador de Ninfas* que cae en brazos de la Voluptuosidad, y la soldadesca profanadora de su Venus criolla? Tal vez bajo el amor al arte que en Alberto alienta palpite, como su base, otro amor; tal vez el ideal de belleza que el artista humillado trata de poner en salvo sea la depuración de los instintos que engendra aquella «tierra en fiebre» con su dejo de apetitos del «hombre bestia de las cavernas palustres». Y aquí estriba el más alto valor del arte que allí nace, de un arte liberador, liberador al depurarlos y enaltecerlos, de rudos instintos, liberador, como el terror de la tragedia.

Y aquí encaja lo que al fin de sus *Notas* nos dice Coll al preguntarse cómo y por qué ha penetrado en los escritores hispanoamericanos el espíritu de la literatura francesa novísima; «cómo esa turbadora y delicada flor del arte francés, que es producto de una selecta cultura secular, ha podido aclimatarse en la tierra virgen del trópico; cómo aquella quintaesencia de refinamientos, hija de una larga civilización, ha podido venir a habitar en cerebros que pertenecen a una nación incipiente y de aspecto casi primitivo». Y el mismo Coll se contesta, a mi entender con perspicacísimo acierto, que «acaso haya en esto algo más que una cuestión de moda o de sistemática imitación, como se ha dado a entender, y se explique hasta cierto punto, por la acción del clima sobre el organismo, es decir, aceptando la teoría de que se encuentran analogías entre los efectos del calor sobre el individuo y los que determina una civilización avanzada: la sensibilidad nerviosa, la hiperestesia psíquica que Vitey nombra sugestivamente *zona ecuatorial del hombre*. Y la preocupación erótica, añado.

En el amargo libro de Díaz Rodríguez hay hermosas páginas descriptivas, como la de aquellas puestas de Sol que «cual un festín de belleza» saboreaba Alberto, la de la «fiebre de la tierra» cuando «cantaban las cigarras», como «en cuerda hecha de cristal que estuviese vibrando hasta romper de frenesí o de júbilo», el apólogo de la hamadríada, y páginas íntimas de vida de familia, llenas de dulce penetración.

El lenguaje de *Ídolos rotos* es fluido, llano, sin re torcimientos, algo diluido a las veces, con cierta amable negligencia hecho.

Otros libros americanos, venezolanos también algunos de ellos, solicitan nuestra atención. Dejémosles por hoy, que éste nos ha ocupado mucho.

La Lectura, Madrid, junio, 1901, págs. 63-72, en: *Obras completas*, IV, págs. 146-152.

Otra novela venezolana

Sangre patricia

Por Manuel Díaz Rodríguez. Caracas, 1902.

Para quien informa al público acerca de las obras literarias de tal clase o tal país, es un feliz hallazgo el que se publique alguna a la que poder elogiar casi sin restricciones y con caluroso elogio. Tal me sucede con ésta.

Inauguré esta sección bibliográfico-crítica de literatura hispanoamericana en el n.º 6 de esta revista (junio de 1901), tratando muy principalmente de Manuel Díaz Rodríguez y de su novela *Ídolos rotos*, y ya entonces esperaba que se me volviese a presentar ocasión de alabar como se merece la labor literaria de este venezolano que honra a las letras españolas, llamando así a las letras en lengua española.

Sangre patricia es aún mejor que *Ídolos rotos*, más cuidada de estilo, más concisa, más poética.

Lo mejor sería hacer aquí un extracto de ella y reproducir algunos de sus pasajes; pero esto ocuparía muchas páginas: tan inextractable es y tantos los pasajes que merecen ser reproducidos. Uno de ellos, que se refiere a España y al aprecio y estimación que de nuestra patria deben hacer los hispanoamericanos, he de hacer que se reproduzca en alguna de nuestras revistas, pues pocas veces la lúcida y calurosa simpatía se ha expresa do con mayor elocuencia a este respecto.

El argumento de la novela es sencillísimo. Julio Arcos es un venezolano de pura raza española que vive en París, expatriado. Es un soñador. «Desde su origen, su familia había venido en hazañas múltiples despilfarran do su capacidad para la acción; y así como ésta disminuía, bien podría en grado igual, y de insensible modo, haber venido aumentando su capacidad para el sueño». Porque «su estirpe guerrera, al través de muchas generaciones, apenas había consagrado al sueño breves pausas y raros individuos». La historia de algunos de sus antepasados llena dos hermosas páginas. Julio se había casado por poder con una novia que tuvo en su patria, Belén Montenegro, a la que nos describe el autor con complacencia, y que viene de Caracas a

París a unirse con su marido. Mas en la travesía muere y va su cuerpo al mar y cuando el buque llega a Europa, se encuentra Julio viudo antes de haber sido marido. Hay que leer el relato, sobrio y sencillo, de su dolor, y cómo llega a su casa de París y arroja por el balcón a la calle las flores con que esperaba a su desposada. El resto de la novela es el dolor de Julio y cómo se le encalma y va a recorrer la Corniza, y en Niza se hace al mar en un bote repleto de flores para celebrar la fiesta del desagravio de éstas tendiéndolas sobre la tumba de Belén. Al cabo regresa a su patria, obsesionado por el recuerdo de su novia, y soñándola como sirena que vive en el seno del Océano, acaba por arrojarse al mar, a juntarse con ella antes de llegar a Caracas.

Claro está que es tan imposible formarse idea de la novela por esta exposición de su argumento central, como lo sería querer formarse idea de una hermosa mujer muerta hace años por la inspección de su esqueleto. Además, lo expuesto es su *argumento central*, sin los añadidos, episodios y argumentos adicionales que avaloran este precioso libro. A tal punto, que gustándome mucho esa historia central y estimándola delicadísima y muy tierna, prefiero a ella en *Sangre patricia* el hermosísimo relato de la vida, ideales y andanzas del místico y músico Alejandro Martí. Desgajada de la novela, la historia de Martí constituiría, de por sí un admirable trozo literario.

La historia de Martí es un encanto: cómo, nacido para el vuelo y el canto, salió de su patria, yéndose a París en busca de gloria; cómo, casado desde muy joven, su mujer «protegió su vivo sueño de arte, rodeándolo con una muralla de silencio», pues «alma abnegada y fuerte de varona, puesta de rodillas en el silencio, adoraba», y «si él dejaba el sueño por la acción, cuando volvía de ésta chorreando sangre, ella vaciaba sobre él sus palabras», y «al ella hablar, el silencio crecía alrededor de él hasta defenderlo como un baluarte»; cómo vagó por las Antillas españolas, recogiendo las voces de la mar murmurante y sorprendiendo el alma de fuego de la danza criolla; cómo pasó a la América del Norte, donde su alma se sintió desfallecer bajo la pesadumbre de una atmósfera de mercantilismo, pero donde penetró en el misterio de una vaga secta religiosa, de las muchas que corren y cantan allí «como fuentes claras bajo la atmósfera turbia de mercantilismo» y son «como impetuosos renuevos de ideal, empeñados en romper la burda corteza de un pueblo de mercaderes», y cómo allí la unión del arte con la fe completó la unión, ya realizada en él, del arte con la vida; cómo volvió a París con su obra casi terminada y dispuesto a mostrar las nuevas leyes de la música que creía haber descubierto, de una música evangélica. Y luego habla en el libro Martí y dice cosas que merecen oírse. Algunas de ellas sonarán a nefanda herejía o a empecatada impiedad a los oídos de los sofólatras, de los que han erigido en ídolo a eso que llaman ciencia, y que a nombre de su fe en ella fulminan anatemas contra otras fes. Entre estas herejías está lo que Martí nos dice de las «inepcias de todos tamaños que Alean el editor propala en forma de volúmenes», y de su creencia de que «ni la ciencia verdadera ni la humanidad perderían mucho si a todos los volúmenes de la casa Alean, hacinados en pirámide, les pusiéramos fuego». Esta atrocidad de juicio nace de misticismo o de cualquier otra neurosis más fea aún, y lo mejor es que cuantos creen con todo su corazón y toda su mente en el sacrosanto dogma de la uniformidad y constancia de las leyes de la naturaleza, no hagan caso de tales vesanias y desprecien a los que creen en otros dogmas no más comprobados que aquél.

En una conversación entre Martí y sus amigos se hallan, en boca de Borja y de Ocampo, los hermosos pasajes en que el autor nos habla de España, que debe ser «la reserva de ilusión» para los americanos. Ocampo opina que todos los americanos de lengua española, deberían empezar por España su peregrinación en Euro pa, y que ganaría su patriotismo poniéndose en con- tacto con tierra española. «Y quizás no esté lejos el día —dice en que consi- deremos como nuestro deber más perentorio el ir en peregrinación, uno por uno, siquiera con el pensamiento, a robustecernos en las mismas fuentes de la raza». Habla luego de las vestiduras que, a título de préstamo, hubieron de otras naciones, para ocultar sus vagos tanteos primerizos, refiriéndose «a ciertas influencias de pueblos extraños, que si un día pudieron servir nos de aguijón —dice—, apenas pueden ya servirnos sino de rémora». Y añade: «Es un repugnante lugar común, cuando se habla de nuestras miserias, en particular de nuestras miserias políticas, valerse del socorrido argumento de nuestro origen español, como si este solo origen contuviese en germen todos nuestros males. Fácil mente se olvida cómo, en la independencia, las almas de algunos de nuestros más grandes libertadores trasplanta ron a nuestra política, y pretendieron plantar de por fuerza en el seno de la raza, el espíritu francés, o más bien el espíritu revolucionario francés, el cual viene desde entonces, con eclipses más o menos largos, predominando en nuestra política y prosperando fuera de ella, a costa de nuestra vida original, es decir, a costa de nuestros hábitos y de nuestra lengua y literatura. El viejo y noble sentimentalismo francés, llevado a todas partes por la revolución, si nos fue de algún beneficio, en cambio nos causó bastante daño. Esa y otras influencias debemos arrancarlas de nosotros, abandonándolas para siempre, como trajes que no nos vienen a la medida. Y entre tanto, apresurémonos a henchir de nuevo nuestras venas con ruda savia española». Repito que merece la pena que se reproduzca en alguna de nuestras revistas las páginas 128 a 136, inclusive, de *Sangre patricia*. Encierran una robusta voz de ánimo y de consuelo que de América nos viene; de aquella pobre Venezuela, patria del Libertador, de Simón Bolívar, que sufre ahora, con la corrosión de las disensiones interiores, el constreñimiento del bloqueo de algunas potencias europeas.

Interesante es la novela *Sangre patricia* por lo que en ella se narra y las ideas que anidan en sus páginas; pero no es menos interesante por la manera de narrar aquello y de exponer éstas. Corre por sus renglones todos un soplo poético, lírico, a ratos pecando tal vez de exuberancia, acaso con demasiadas flores y piedras preciosas, de la afición a las cuales por parte de los escrito res americanos he escrito más de una vez. Hay en este libro, realmente hermoso, defectos que provienen de cierta viciosidad tropical, de frondosidad casi virgen de podadera; pero prefiero esto a la sequedad rebuscada y artificiosa de algunos noveladores *analistas* o que por tales se tienen. Esta sequedad la han inventado gentes de poco corazón, ompoñándose en erigirla en norma. Y a nosotros los españoles, y creo que aún más a los americanos, se nos resistirá, y de caer en exceso, caeremos en el castelarino antes que en el stendhaliano. En lo cual no veo mal alguno.

¿Por qué hemos de plegarnos a la estética de otra casta ni hemos de reconocer que su gusto es el bueno y el permanente y universal, y el nuestro, gusto de salvajes o de hombres que carecen de finura? Por mi parte, des confío mucho de una literatura apestada de cientificismo —cosa muy diferente de la ciencia— y en que se *construyen* las obras de arte literario con cierta fría y aguda virtuosidad; desconfío de los literatos que en vez de abandonarse y dar, en una u otra forma, el corazón, dan ciertos residuos que dejaron en sus mentes las lecturas de tratados de psicología o de sociología. Para leer ciertas novelas, leo libros de psicología, que al cabo son más sinceros, más útiles, más instructivos y hasta más ame nos y divertidos que ellas.

Hay, sin duda, en la novela *Sangre patricia* algo, aunque no mucho, de tropicalismo. Y no hay más, por que no en vano ha vivido en París su autor y se ha apacentado en la literatura francesa, lo cual es utilísimo y muy conveniente. No tendría derecho a hablar como hoy habla de París y de la influencia de la literatura francesa en la americana si no hubiese recibido el benéfico influjo de aquélla. Porque es indudable que la literatura francesa es una gran educadora de todo literato profesional, pero a condición de saber desligarse a tiempo de su fascinación y de no dejarla que tuerza nuestro natural, aun que lo corrija.

Y hay en *Sangre patricia* otras máculas que provienen de cierto extraño hibridismo entre la expresión tropical y eso que llamaban decadentismo francés. Tales son frases como ésta: «el mar no replicaba sino cantando su eterna antífona ronca, dilatando su eterna sonrisa, in diferente bajo el cárdeno suplicio del crepúsculo». Y como esto, ciertas expresiones que, como «flor de orgullo», re pite varias veces el autor por haberse enamorado de ellas. La afición a las flores, de que hablaba, le lleva a llamar a las primeras notas de una sonata «resonantes pétalos cristalinos» y expresiones por el estilo.

Pero, ¿qué importa todo esto en un libro de sólida belleza, conseguida, no a pesar de la inclinación a tales defectos, sino más bien merced a inclinación tal? Léase en las páginas 160 a 162 la impresión de un trozo de música que ejecuta Martí al piano, y se verá un pasaje realmente bello y de veras poético. Voy a reproducirlo aquí:

Primero fue arriba, en el teclado, una nota muy tenue, como la que produce el caer de una débil gota de agua sobre un cristal sonoro; tras ella vino otra, y otra, y otra nota semejante, que llegaron, multiplicándose y cada vez menos tenues, a fingir el caer precipitado de una lluvia muy fina; al repiqueteo de la lluvia muy fina siguió el deslizarse tembloroso de un hilo de agua entre altas hierbas; luego se oyeron las quejumbres, las canciones y las risas de la acequia rebosante;

enseguida resonó el tumultuario estrépito del torrente, y este mismo estrépito, serenándose poco a poco, se cambió en el rumor sereno y apacible del río, rumor que a medida que se hinchaba el río, fue haciéndose más grave y reposado, hasta desaparecer más lejos, en donde los grandes ríos, entre sus márgenes remotas, corren y se extienden con Sobre el silencio de las aguas del río, una canción pasó entonces, deshojándose, como la flor misma del silencio; se alzaba tal vez de lo más profundo del cauce, o bajaba tal vez de las ribereñas y más próximas alturas, de los labios de alguna Lorelei invisible que, al son de sus cantares, peinase con áureo peine sus cabellos de oro. Por un momento reinaron en la música la perfidia de la corriente silenciosa y la perfidia más dulce del canto. Después, como si un barquero en su barca se hubiese aventurado entre esas dos perfidias, la música remedó el encreparse de la onda y el remolino y la soberbia de las aguas, pasados los cuales el silencio anterior cayó sobre el río como una lápida sobre una tumba. Por fin, tras una corta pausa, la música remontó, evocando el tumulto del torrente, los murmurios de la acequia rebosante, el trémulo susurro de un hilo de agua entre las hierbas y el repiqueteo de la lluvia, hasta la nota primitiva, aislada y muy tenue, como la que produce el caer de una débil gota de agua sobre un cristal sonoro.

Abril, 1903.

La Lectura, Madrid, en: *Obras completas*, IV, págs. 797-801.

El libro de un crítico venezolano

El castillo de Elsinor

Por Pedro Emilio Coll. Caracas, 1901.

En el número 6 de esta misma revista [*La Lectura*, Madrid], al dedicar un artículo a la novela *Ídolos rotos*, del venezolano Díaz Rodríguez, empezaba mi trabajo haciéndome cargo de unas *Notas sobre la evolución literaria en Venezuela*, que en *El Cojo Ilustrado*, de Caracas, me dedicaba Pedro Emilio Coll, escritor y crítico que ha estado encargado por mucho tiempo de dar cuenta en el *Mercure de France* del movimiento literario de las naciones americanas de lengua española. Ahora nos da Coll una colección de artículos bajo el título de *El castillo de Elsinor*, que es un libro, ante todo y sobre todo, de un crítico.

Coll se acuesta, más que a otra tendencia, a lo que se ha llamado decadentismo, aunque su cultivado espíritu le da una gran amplitud. Hay mucho de refinado y de exquisito en sus escritos; la influencia de la literatura francesa se observa al punto. Siempre me llama la atención como cosa nueva, aunque se repita tanto, la afición que muestran no pocos literatos americanos a las flores y a las piedras preciosas; «Sol muerto entre luces de heliotropo», «la vía láctea era un jardín de lirios luminosos», «busto de magnolia», «sus pupilas semejaban turquesas, rubíes y topacios iluminados por una satánica chispa interior»; y con esto el gran papel que hacen jugar a la exquisitez y a la perversión: «ambiente de alcoba, poblado de infinitas corrupciones», «ávida de sensaciones exquisitas», «perversas y complicadas sensaciones», etc., etc., sin que de ordinario se nos muestre en concreto en qué consiste la perversión de las tales sensaciones. Leo todo esto, me distrae, pero jamás logra interesarme. Y la explicación debe de estar en un sencillo y vulgarísimo incidente que de Andrés, el héroe del relato titulado *Opoponax*, nos cuenta Coll.

El relato mismo a que me refiero está tejido con recuerdos de París, en que entra la inevitable *liasion* con Marion, *Mademoiselle Opoponax*, conocida en una taberna del no menos inevitable Montmartre, «donde Jean Rictus acababa de terminar uno de sus soliloquios»; Marion, «una mujer alta y ondulante, la boca pulposa, cárdenas las ojeras, los senos arrogantes... cabeza de ángel boticellesco que la orgía hubiese desgreñado», etc. Y luego viene «la eterna historia de la Safo parisiense», y *¡tan eterna!*, con todo lo demás que es obligado en ca sos tales. El incidente sencillo y vulgarísimo a que me refiero es que una mañana Andrés, «de frac ante el espejo, colocaba en el ojal un botón de rosa». Como en mi vida me he puesto frac ni me he colocado botones de rosa en el ojal, hay cosas que leo como relatos de otro mundo o descripciones de costumbres de mis antípodas espirituales. No me excita ni la menor curiosidad ese París «casi bizantino, raro, sutil, místico y perverso», creyéndolo —estaré equivocado— puro artificio infantil y entretenimiento de los *isidros* intercontinentales. Y para lo que me siento completamente sin fuerzas es para admirar a Remy de Gourmont, ese gran embaucador de buena parte de la juventud americana.

He dicho que el libro de Coll es libro de un crítico, y como tal he de juzgarle. Lo es, y de un crítico juicioso, discreto, agudo y certero, sobre todo cuando logra sacudirse de perversiones, exquisiteces y parisiensadas. Las *Viejas epístolas* y el estudio *Decadentismo y americanismo* ofrecen buena copia de muy atinadas observaciones. Hay una carta en que Luis Heredia cuenta a Ernesto Gómez cómo al llegar al París real y efectivo, «al de carne y hueso», se le ha desvanecido el otro París, el que tenía en la imaginación, y ésta es carta digna de leerse.

Con esto se relaciona las consideraciones que hace contra «esa comezón de abandonar el terruño nativo», y cuanto nos dice del «inconforme que se conforma con vestirse a la moda de París». Mucho de esto señalamos en los *Ídolos rotos*, de Díaz Rodríguez, que marcan también una reacción contra ese funesto atractivo que sobre la juventud americana ejerce el París «entrevisto al través de los libros franceses», los más mentirosos de todos los libros.

Muy razonable es lo que acerca de la raza latina nos dice en una de sus *Viejas epístolas*, aunque yo crea que los españoles —que, por otra parte, no somos una unidad étnica— no tenemos ni siquiera la octava parte de la tal sangre latina, y que todo eso de la mezcla de pueblos es más aparente que real. Antes de ahora se ha dicho que en la historia se oye a los cuatro que chillan y no a los cuatro mil que callan, y en la nuestra meten mucho ruido los cartagineses, romanos, godos, vándalos, árabes, cuan do es lo probable que representaran para el efecto de la mezcla de sangres una cantidad insignificante junto al pueblo primitivo, el que vivía en silencio. Lo que en España haya de africano, creo se deba a la primitiva población, a la llamada ibérica, y no a los moros que vinieron luego.

«El suelo crea las razas», nos dice Coll, añadiendo: «El tipo europeo transplantado a América tiende constantemente a aproximarse al tipo criollo, y eso sin necesidad de cruzamiento, porque el suelo lo impone». Sin duda, el suelo crea la raza fisiológica, somática; pero la psíquica, la espiritual, la crea la lengua, que es la sangre del espíritu. La lengua es una sugestión permanente, tomando lo de sugestión en el sentido de los fenómenos hipnóticos.

El llamado decadentismo prendió en gran parte de América, y se atribuyó esto a la moda, «a la moda que nos viene de París», junto con las corbatas y los figurines de trajes». Y Coll, en su precioso *Decadentismo y americanismo*, hace observar con certero tino que «aun así podría argüirse que una moda extranjera que se acepta o se aclimata es porque encuentra terreno propio, porque corresponde a un estado individual o social y porque satisface un gusto *que ya existía virtualmente*». En buscar la razón de esta concordancia se esfuerza Coll, que hace observar que lo que se llama decadentismo en América «no es quizás sino el romanticismo exacerbado por las imaginaciones americanas», «la infancia de un arte que no ha abusado del análisis y que se complace en el color y en la novedad de las imágenes, en la gracia del ritmo, en la música de las frases, en el perfume de las palabras, y que como los niños ama las irisadas pompas de jabón».

Yo encuentro una razón poderosa para que la literatura francesa ejerza grande influjo sobre los pueblos que empiezan a hacerse tradición de cultura, y es que la literatura francesa es la que menos esfuerzo de comprensión exige, la más clara y diáfana, la más brillante, la que nos da en papilla el pensamiento universal, aunque sea debilitándolo. Se imponen de tal modo las resonantes metáforas de Hugo, el gran retórico, verbigracia, que encubren la vacuidad radical de su pensamiento y lo vulgar de éste; es más fácil imitar a Verlaine que a Wordsworth, pongo por caso, y se penetra antes en el espíritu de un Renan que en el de un Kierkegaard, por ejemplo. De mí sé decir que fueron franceses los que me introdujeron en el pensamiento europeo, sacándome de este camaranchón de España; pero hace ya tiempo que los tengo casi olvidados, si se exceptúa a los verdaderamente grandes, que en ninguna parte son muchos. Son lógicos y sensuales, dos cualidades que antes me repelen que me atraen. Por la literatura francesa van penetrando los pueblos americanos en el pensamiento europeo, y tiene razón Coll al suponer que las influencias extranjeras, lejos de ser un obstáculo para el americanismo, le favorecen.

En *Hojas de un diario* hay cosas verdaderamente sugestivas y de muy alto valor. No dude Coll ni un momento de que la España del libro *De la sangre, de la voluptuosidad y de la muerte* es una España imaginaria y falsa, esa España *a priori* que tienen en la mollera no pocos literatos del bulevar y que se nos vienen a las veces, no a adquirir una noción exacta, sino a corroborar la que ya tenían, como hicieron Mauricio Barrès, Verhaeren, Lorrain y otros por el estilo.

El libro de Coll es de los inextractables, sin que tampoco quepa detenido examen de él, pues lo constituyen en gran parte notas sueltas, fragmentarias, sensaciones fugitivas, nada sistematizado en cuadrícula. Y como de ir tomando en cuenta cada uno de sus juicios y opiniones, me sentiría llevado a discutirlos, para concordar con ellos o de ellos discordar, prefiero dejarlo. No sin añadir aquí que para mi gusto y mi provecho los mejores libros son los que me mueven a entrar en discusión con el autor a cada paso, a darle la razón o a quitársela. Por que hay quienes diciéndonos cosas muy atinadas, muy comprobadas, muy juiciosas y muy exactas, maldito si nos enseñan ni sugieren cosa alguna, y quienes soltando afirmaciones que tenemos por absolutamente desprovistas de fundamento, no nos obligan más que a alzarnos de hombros y dejar el libro. Ni de éstos ni de aquéllos es Pedro Emilio Coll, y no lo es porque es de verdad artista.

Junio, 1902.

Obras completas, IV, págs. 783-786.

Una aclaración Rubén Darío, juzgado por Unamuno

Señor director de *El Sol*.

Muy señor mío: Las líneas altamente lisonjeras para mí que el semanario que usted dirige ha antepuesto a la carta de mi buen amigo Muñoz, por *El Sol* reproducida, son de las que animan al trabajo y llenan de gratitud el alma. Encontrar eco es la aspiración suprema de todo el que habla o escribe, y si el eco fuese tal y tan potente que reforzara y agrandara nuestra voz, acordando nuevas notas a ella, nuestro anhelo se colma. Las excelencias que a mi voz atribuye el autor de esas líneas atribúyolas sobre todo a su oído, a que ha incorporado a ella propias ideas y pensamientos propios. De íntima bondad nuestra arranca todo lo que de bueno concedemos al prójimo, y nada más de desear para quien escribe que el que de tal manera se sume su voz al coro que reciba la grandeza de ésta y de ella participe.

De mí sé decir que nada me enseña ni me vivifica más que el oír ese eco enriquecido y vigorizado en el ámbito; nada me es tan grato como el recibir mis ideas transformadas, nuevas ya. Mis ideas no son mías; son de la sociedad de donde las saco y de donde se me devuelven socializadas. Pongo, pues, a la parte del benévolo crítico los elogios que me prodiga, calculando lo que han ganado los productos de mi espíritu al reproducirlos él en el suyo, y paso al principal objeto de esta carta.

No solo no me gusta ser injusto, sino que aspiro a no dar ocasión siquiera a que lo sean los demás. Y como me he fijado que hay en mi carta cierto pasaje que interpretado con poca recta sutileza podría hacer creer que atribuyo conceptos que no profeso a un insigne escritor americano, quiero aclarar este pasaje.

Hablaba yo en mi carta de ciertas quejas de Rubén Darío porque París no hace caso de los literatos hispano americanos, confundiéndolos con los *rastaquoeurs*, y volviendo a leer el artículo de Darío que conservo, porque ha de darme motivo para nuevas reflexiones, me encuentro con que las quejas no son de Darío mismo, sino exposición de las que otros elevan, formuladas por Pedro Emilio Coll. Darío expone la queja de que aguar dando los quejosos una mirada de París, esperando que éste los *descubra*, solo se encuentran con desdén, besan do la orla de su manto y el borde de su falda y no se les recompense ni se les mire. «Tal es la queja», escribe Darío, y a renglón seguido añade: «y París tiene muchísima razón», y luego pide lo que todo el que tenga como él tiene, fe en sí mismo y conciencia de su propio valer debe pedir, un explorador del pensamiento, «un viajero de la idea que vaya a observar el pequeño mundo que siente y medita en el continente de los *rastaquoeurs*, en donde no solamente hay facendeiros, mineros, azucareros, estancieros y saladeristas, generales y doctores indígenas o viejos y mozos de chispa que van a París, cuan do no a gastar dinero, a tomar lecciones de vicio fino y adquirir un nombre de pecador», pide que siga Francia desdeñosa con el producto de las inculturas y miserias sociales americanas, pero que abra sus puertas a los espíritus superiores que hay en la América española, espíritus que sobre las pequeñeces de la vida nacional vuelan a la gran ciudad, centro de toda luz. Tales son sus palabras.

Ni otra cosa podía pedir quien no abriga queja alguna de París, ya que en él es conocido y estimado de escritores como Heredia, Remy de Gourmont, Richepin o Rachilde, que aprovechan frases e ideas del delicado artista americano. Que éste es su mayor contento, nos dice. Es, en efecto, el contento de que al comienzo de estas líneas hablaba, del íntimo placer de oír el eco de nuestra voz enriquecido con acordes nuevos, de recibir nuestra idea acrecentada, así como acrecentamos las ajenas. Todo es de todos en la región de los espíritus.

A Darío, por otra parte, no le tienen por poeta americano muchos de sus admiradores mismos. En el estudio que el señor Rodó le dedica empieza diciendo que oyó decir una vez respecto al autor de *Prosas profanas* esta frase: *No es el poeta de América*, y que a tal negación asintieron todos los allí presentes.[19] Al desarrollo de esta idea crítica dedica el señor Rodó atinadas consideraciones, llegando hasta a atribuir al poeta un antiamericanismo involuntario. Por mi parte, y juzgando por lo que de Darío conozco, puedo afirmar que pareciéndome de positivo valor el estudio del señor Rodó, difiero de mu chas de sus apreciaciones y entre ellas de la apuntada. Me sucede con Rodó respecto a Darío lo que con Taine respecto a Carlyle; que

---

19   «Rubén Darío, su personalidad literaria, su última obra», en *La vida nueva*, tomo II (Montevideo: Impr. de Bornaleche y Reyes, 1897).

cimentando su estudio sobre sólidas bases, conocimiento exacto y criterio firme, me dan, sin embargo, una imagen refleja que difiere enormemente de lo directo, de lo que por la lectura de las obras de los criticados deduzco.

No creo que sea preciso pasarse de zahorí para descubrir en las composiciones de Darío las notas, los reflejos y los rumores por los que se conozca al americano y aun al sucesor de los misteriosos artistas de Utatlán y Palenque, y creo que esas notas lejos de ser fugaces son las permanentes, las hondas; que los reflejos son no los instantáneos, sino los eternos, y que el rumor, si bien sordo, es el rumor de las aguas profundas del espíritu.

Joya de estufa le llama el señor Rodó; pero las flores de estufa proceden de las del campo y conservan la especie de éstas y sus perfumes y formas, más acusadas aún. Un clavel de jardín es en cierto modo aún más clavel que el de los trigales, como es más rosa la rosa espléndida de la maceta que el sencillo escaramujo del zarzal. El primer grado de la diferenciación separa y aísla a los individuos, pero a medida que desciende más cada cual a sus propias honduras, resuelto a ser más él cada vez, más personal y propio, más cerca se halla de la roca viva del espíritu, que es el espíritu de su casta, y ahondando aún más, esforzándose por ser más castizo cada día, más hijo de su pueblo y de su tiempo, más y más se aproxima al firme y último fundamento humano, al espíritu de humanidad. Siempre he creído que cuanto más cosmopolita parezca un escritor, más universal y humano, tanto más hondamente es de su raza y de su edad. El más profundamente castellano de los escritores de Castilla es Cervantes, por ser el más universal y humano de todos.

Ahondémonos, procurando ser más personales cada día; que debajo de nuestra personalidad, en su lecho mismo, descubriremos la raíz de ella, la personalidad de nuestra casta descansando sobre el alma universal humana. Sea yo más yo cada día, tú cada día más tú y llegaremos mejor a compenetrar nuestras almas que si me empeño en modelarme a tu imagen o en modelarte a la mía. Sin diferenciación no hay integración posible, y a la vez es el fondo último de homogeneidad, lo que hace posibles las diferenciaciones y la integración de ellas.

Reflexiones son éstas a que me he dejado llevar a la mano de mi incorregible digresionismo, y no es cosa de alargar sobre medida una mera

144

aclaración. Quiero solo añadir que a mi juicio por ser Darío más hondamente americano que otros poetas de América, por ser intraamericano, es más universal y humano que ellos, por que dentro de su alma americana, y no fuera de ella, ha buscado, consciente o inconscientemente, el alma universal, y por esto y no por otra cosa le han oído en París y fuera de París cuantos prestan oído a la voz de la humanidad y entienden a ésta cuando en lengua castellana habla. Natural es, por lo tanto, que no se queje como no debe quejarse nadie que con fe en sí mismo y conciencia de su vida, aspire a justificar su paso por la tierra.

Ganas y no pequeñas me dan de desarrollar e ilustrar los conceptos que en esta aclaración he vertido, ya los de orden general y abstracto, ya los que en particular y concreto a Rubén Darío se refieren. Pero una y otra tarea me llevarían lejos de mi actual propósito, que no es otro que cerrar el paso a juicios injustos que podría provocar el pasaje de mi carta a Muñoz a que antes he aludido. Todo lo demás que como adorno y añadidura me ha sugerido la rectificación de tal pasaje constituirá en su día el núcleo de nuevas consideraciones.

Agradeciéndole de antemano, señor director, la inserción de estas líneas y reiterándole una vez más la expresión de mi gratitud por las frases con que su semanario me anima y corrobora, queda de usted amo. s. y compañero,

Salamanca, 26 de mayo, 1899.

El Sol, Buenos Aires, 8 de julio, 1899, en: *Obras completas*.

De la correspondencia de Rubén Darío

¡Pobre Rubén Darío! Se fue de este mundo sin que llegásemos una vez a hablarnos cara cara desnudas, pero las del alma. Siempre entre los dos, entre él y yo, hubo como una cristalina muralla de hielo.[20] Nos veíamos, nos hablábamos, nos apreciábamos mutuamente, pero ni uno ni otro se decidía a romper esa muralla. Acaso fue mejor. Acaso así nos respetamos. Y eso que había entre ambos profunda unanimidad en ciertas entrañadas y eternas inquietudes.

Recuerdo siempre algunos de sus versos, que me nos se citan, los más íntimos, los más suyos. Porque Darío compartió con otros máximos poetas una triste suerte y es la de que se pongan en boga y se vulgaricen primero aquellos de sus versos menos íntimos y menos propios. ¿Quién no recuerda que se ponderaba el canto «All'Italia», de Leopardi, cuando sus más hondos y más personales lamentos no eran apreciados en todo su valor? ¿Quién no recuerda el escándalo que armó el himno a Satanás, de Carducci, que su propio autor calificó luego de una «guitarrada»? Y así de Rubén andaban todos los jóvenes modernistas, más o menos melenudos, recitándonos aquellas cantigas de sonsonete de: «La princesa está triste: ¿qué tendrá la princesa?», y luego vienen los labios de fresa y demás *mignardises* cuando se pasaba por alto lo que en su obra había de fuerte y de intenso. ¿Acaso era que a muchos de los que se decían sus admiradores en rigor no les gustaba el poeta, pero cedían... a qué? No lo sé.

Traté poco, digo, a Rubén Darío, aunque nos vimos y conversamos y paseamos juntos media docena de veces. Había algo que nos mantenía apartados aun estando juntos. Y debía parecerle a él duro y hosco; él me pare cía a mí sobrado comprensivo. Y no me entrego a los que se esfuerzan por comprenderlo y justificarlo todo. Prefiero los fanáticos y los sectarios, de cualquier campo que sean. Acabo por entenderme con un fanatismo opuesto al mío. La razón común del fanatismo, del apasiona miento une aun a los contrarios. Y Darío no era apasionado. Era más bien sensual; sensual y sensitivo. No era la suya un alma de estepa caldeada, seca y ardiente. Era más bien húmeda y lánguida, como el Trópico en que naciera. Y muy infantil.

---

20 Cfr. el hielo «cristalino» que aprieta el corazón del envidioso Joaquín en *Abel Sánchez* (1917), cap. V: ver *Obras completas*, VI, pág. 699.

Lo que digo en su elogio. Un alma de niño grande, con todas las seculares añoranzas indianas.

Fue él, Darío, quien vino una vez en Madrid —hace ya años— a ofrecerme, en nombre del director de este diario, la colaboración en él; fue Rubén quien sirvió de medianero para traerme acá, a *La Nación*. Y no olvidaré nunca la visita que entonces me hizo y lo que de este verdadero hogar intelectual me dijo y de esa Argentina. Cuanto me dijo de esta tribuna periodística, de la libertad de que aquí se goza, me ha resultado cierto. ¡Figuraos, lectores, si le debo! Y fue él, Darío, quien, cuando publiqué mi libro, Poesías, dijo de éstas lo casi único que de algo sustancioso, de comprensivo, sobre ellas se dijo, y lo dijo aquí, en estas columnas. Demostrando con ello la amplitud de su estética.

Nos hablamos poco Darío y yo, pero cruzamos algunas cartas. Guardo una docena suyas, cuatro de ellas de 1899, la última de 1909. Después no nos correspondimos.

Voy a transcribir y comentar pasajes de esas sus cartas a mí y en orden cronológico.

Con fecha 21 de abril de 1899 me escribía desde Madrid, «Creo que nuestros pensares se juntan a pesar de la diferencia de vis y de métodos. En el asunto del pensamiento y de la literatura hispanoamericana, creo yo desde luego que "no hay allá nada", o más bien que hay muy poco, pero lo poquísimo que hay merece res peto. Lo "que hay" es desconocido aquí. Aquí se conoce la balumba ridícula y fofa; pero existe un escaso núcleo valioso.

«En cuanto a mí, le agradezco sus amables juicios, pero creo ser un desconocido suyo igualmente. Le confesaré desde luego que no me creo escri tor "americano". Esto lo he demostrado en cierto artículo que me vi forzado a escribir cuando Groussac me honró con una crítica. Mejor que yo ha desarrollado el asunto el señor Rodó, profesor de la Universidad de Montevideo. Le envío su trabajo. Mucho menos soy castellano. Yo —¿lo confesaré con rubor?— no pienso en castellano. ¡Más bien pienso en francés! O mejor, pienso "ideográficamente", de ahí que mi obra no sea castiza. Hablo de mis libros últimos. Pues los primeros, hasta *Azul*, proceden de innegable cepa española, al menos por su forma.

«Ya hablaremos largo, si me resuelvo a visitarle en esa ciudad secular que me atrae como una abuela centenaria que tuviese muchos cuentos que contarme.»

Pues bien, ¡no! No se resolvió a visitarme en esta centenaria Salamanca, donde hubiésemos hablado de su casticismo y de su americanidad. Muy cierto que por entonces me era muy poco conocido. El género de las gentes que le propiciaban y aplaudían hacíame mantenerme retuso frente a su obra. Me ha ocurrido y me ocurre con muchos escritores y artistas: son sus abogados y panegiristas los que me quitan las ganas de ir a conocer los. Aunque me equivoque en esto. ¡Y quién sabe si a muchos no les pasará lo mismo conmigo!

Si hubiera venido entonces, habría dicho que sí, en efecto, lo poco, poquísimo de valor que hay en la actual literatura hispanoamericana apenas es conocido en España.

Habríale repetido lo que me canso de decir, y es que la labor seria —la histórica sobre todo— es preferible a la de pura, vaga y amena literatura.

En cuanto a aquello de no creerse americano... ¿Y qué es ser americano...? ¿Hay acaso un carácter común que una a los ingenios americanos desde Tejas al estrecho de Magallanes y que los separe de los ingenios españoles? ¿Hay algo que asimile a mejicanos, antillanos, centroamericanos, colombianos, venezolanos, etc., etc., y chilenos y argentinos y uruguayos? No lo creo. No creo en semejante americanidad. Y menos como cosa de raza. A lo sumo, similitud de estado social, por condiciones económicas y políticas. Y si hay algo de común entre esos pueblos —intelectualmente quiero decir—, es lo que les da la lengua común, con lo que de ello deriva. Un nicaragüense, como Rubén Darío, y más si ha pasado los años de mocedad de más intenso aprendizaje en Chile, cuyo ambiente intelectual formó sobre todo Andrés Bello, piensa en castellano, créalo o no y quiera o no quiera. Eso de que pensaba en francés era una aprensión suya. Y lo de pensar ideográficamente puede pasar como expresión hasta cierto punto poética, pero carece de sentido claro. Se piensa con lenguaje y en un lenguaje. Y más un poeta. Ideográficamente no puede pensarse sino álgebra o geometría, o acaso química.

Recuerdo el ensayo de Rodó sobre Darío, que éste me envió entonces y leí y que después no he podido releer, por haberlo perdido. Y recuerdo que una de las cosas que más me gustó en él fue cuanto Rodó atribuía a la ascendencia india del poeta, a las misteriosas fuerzas espirituales indígenas. Porque yo no sé si Darío era o no un escritor americano, pues no sé bien qué sea la americanidad de un escritor, pero sí que en su obra creemos ver algo del alma india en aquel su sentimiento, a las veces supersticioso, del misterio ambiente sentido como algo atmosférico y a modo de un aire sutil y terrible que oprime el pecho del espíritu.

¡Que su obra no era castiza...! ¿Y qué es castizo? Yo creo, en cambio, que era casticísima, claro que de su casta. Y aquí, en España, ha sido mucho mejor comprendida y sentida de lo que se cree y ha influido enorme mente en la joven generación de poetas españoles. Y si ha influido en ellos es, no cabe duda, porque en algún modo se anudaba con nuestra tradición y con la más venerable. Porque Darío estaba muy cerca del espíritu de los poetas de nuestros cancioneros del siglo XV y del XVI. Tenía mucho de un primitivo español. Mucho más que él lo creyera. Y lo creía.

Nada quiero aquí decir de otra carta del 16 de mayo del mismo año de 1899. Contestéle y volvió a escribirme el 21 del mismo mes. En ella me decía: «Por otra parte, no sabe usted lo que yo he combatido el prurito de parisiensismo de importación que he tenido la mala suerte de causar en buena parte de la juventud de América; y en el prólogo a mis *Prosas profanas* he dicho bien claro que no puede tomarse como modelo y guía lo que en mí es producto de mi individualidad y de mi educación literaria. Conozco varias lenguas europeas, he procurado iniciarme en todas las literaturas; pero la de Francia me atrae con viva fuerza y encanto. Me parece muy explicable que América, como todo el universo pensante, tienda hoy a la luz que viene de París. Antes fue el foco de Atenas; y no tengo ningún inconveniente en creer que pueda llegar a serlo Nueva York o Buenos Aires. Ello es obra de los siglos.

«La innegable indigencia mental de nuestra madre patria nos ha hecho apartar los ojos de ella; no es culpa nuestra. Cuando hay algo que surge nuevo y vigoroso, lo ponemos sobre nuestra cabeza sin vacilar. Vea cómo están apareciendo para América usted y Rusiñol, por ejemplo.

«La cultura, mucha o poca, nuestra es y ha de ser cosmopolita. Las tonterías de [...] —pues las tiene, y grandes— no harán sino que se distinga entre lo que París tiene de sólido y verdaderamente luminoso y el *article de París* que fascina a nuestros *snobs* y bobos de la moda.»

He suprimido el nombre de ese escritor[21] que, según me escribía Rubén, tenía tonterías, y grandes, por que esta ofrenda mía al gran poeta es una obra de paz y porque el escritor a que se refería fue un buen amigo suyo y lo es mío, y es hombre de mérito. ¿Y quién no ha escrito tonterías nunca? ¡Desgraciado de él! El hombre más tonto del mundo es el que se muere sin haber dicho ni hecho tontería alguna, porque ha existido tontamente. El que no saca afuera sus tonterías, se queda con ellas dentro y le anonadan el alma.

Conocía Rubén, en efecto, varias lenguas europeas, aunque le ocurriese que leyendo corriente y perfecta mente el inglés, mucho del pensamiento inglés le llegase a través de interpretaciones francesas. O es que acaso de la literatura inglesa le interesaba lo más francés de ella. Paréceme que no experimentó un sentimiento que a mí me domina y es el de buscar en cada literatura aquello que los naturales estiman más propio, más castizo, más peculiar y exclusivo, menos accesible al extranjero. De aquí que los autores de un país que antes son traducidos suelen ser los que menos me interesan.

Conocía Rubén varias lenguas europeas y lamentaba no conocer el griego clásico. Habló conmigo de esto varias veces. Una vez llegó a preguntarme en cuánto tiempo podría ponerse en disposición de leer a Homero, a Platón, a Píndaro, a Meleagro, a Teócrito en su propia lengua, y yo, como profesor oficial que soy de lengua y literatura griegas, le dije que eso dependía de su disposición, de su aplicación y del tiempo que dedicase al estudio, pero que le costaría menos de lo que pensaba. «Si pudiese yo ir a Salamanca a seguir un curso con usted...» —me dijo—, porque le aseguré que como enseñar a traducir griego yo le enseñaría tan bien como cualquier otro. Y luego me dijo: «Mire usted, si pudiese yo adquirir de pronto el conocimiento de la lengua griega dando tanto o cuanto dinero —dijo una cifra—, lo daría buscándolo como fuese, pero ¡emplear ese tiempo de estudio!...». Aquí estaba el hombre. Y muchos otros hombres.

---

21   Es Enrique Gómez Carrillo; ver la carta del 21 de mayo de 1899 en *Epistolario* (París y Buenos Aires, Biblioteca Latinoamericana, 1920), pág. 34.

Leyendo bien los párrafos que he citado de esa su carta, se ve que confundía lo parisiense con lo cosmopolita. Para él, como para tantos otros, parisiensismo era casi sinónimo de cosmopolitismo, y París, la Ville Lumiere, era Cosmópolis. Hasta eso que me decía tener París de sólido y verdaderamente luminoso era algo cosmopolita. Porque el París que ha atraído a tantos ingenios españoles e hispanoamericanos no ha sido el París de Francia, sino el París de todo el mundo. Como que cabe decir que ha sido la literatura parisiense más bien que la francesa la que ha influido más aquí y ahí. Lo más francés, lo más castizo francés, lo más del terruño, lo que expresaba austeras y sobriamente el alma heroica, que hoy está demostrando Francia, eso apenas era conocido aquí. Y el mismo Darío, justo es decirlo, no conoció bien esa Francia más íntima, más recogida, con raíces más allá del siglo XVIII y muy fuera de Versalles, esa Francia de ultramontanos, de jansenistas, de hugonotes, de jacobines, esa Francia que nada tiene de ligera, la Francia de las hondas inquietudes pascalianas, no la de los escándalos mundanos o parlamentarios. Esta Francia de los franceses ha sido muy poco conocida aquí. Y contra la otra visión, la del cosmopolitismo parisiense —o el parisiensismo cosmopolita— peleé toda mi vida. En tal sentido fui y soy decidido antiafrancesado. No ocultando tampoco mi escasa simpatía por el llamado neoclasicismo francés. Pero de esto hablaré otra vez: cuando acabe la guerra y podamos volver a plantear, amigablemente, con nuestros vecinos nuestros pleitos culturales. Hoy lo que importa es que venzan [en la Primera Guerra Mundial].

Omito otra carta desde Madrid del 14 de setiembre del mismo 1899 por ser harto personal, así como otra, sin fecha, en que me reiteraba su propósito de venir acá. El 7 de febrero de 1900 me escribía desde Madrid, y luego de haberse referido a un artículo mío en este diario, me decía:

«Yo continúo aquí en una soledad mental desesperante. Le aseguro que cada día me siento más extranjero en este medio en donde, por otra parte, no puedo quejarme de personales simpatías. Mas, francamente, no es poco lo que en mí influye esta atmósfera de decaimiento y de achatamiento. Necesito cambiar de aires.

»¿Ha visto usted lo que se dice sobre arreglos de propiedad literaria con la Argentina? Me alegro por uste des. Los americanos no tenemos aún mercado ni lectores en España. Desearía que me diese su opinión a este respecto. ¿Qué le pareció el número de *La Nación* de 10 de enero? Deseos tengo de dar una conferencia aquí sobre la prensa argentina. No se tiene idea de lo que se progresa allá en esa vía. Pero se me quitan enseguida las ganas. *A quoi bon?*, dicen los franceses.»

Comprendo que el pobre Rubén, y más en 1900, año y medio después de nuestro desastre [en la Guerra Hispano-Norteamericana] y en plena época de decaimiento del espíritu nacional, cuando solo se oían lamentos y quejumbres, se sintiese en Madrid en una soledad mental desesperante. Me suele pasar lo mismo. No hace dos meses pasé uno en la villa y corte por ineludibles deberes de mi profesión —en un tribunal de oposición de cátedra— y en cuanto pude me volví a este mi retiro de Salamanca huyendo de la soledad mental.

¡La soledad mental! ¡Qué hermosa y honda expresión! Se encontraba solo mentalmente en una gran ciudad, en la capital de una nación, en una corte como es Madrid. Pesaba sobre él la atmósfera de decaimiento y achatamiento que oprimía a España en 1900.

En aquella época, hace ya dieciséis años, me decía que los americanos no tenían mercado ni lectores en España, y que se alegraría por nosotros, los españoles, que esto cambiase. Ha cambiado poco, muy poco, casi nada, de entonces acá. Lo poco, poquísimo americano que aquí se lee es lo editado en España. Es más fácil encontrar un libro sueco que un libro americano. ¿En qué consiste esto? ¿Es solo desvío del público? ¿Hacen algo —algo eficaz— los hispanoamericanos por propagar aquí su labor literaria? Hace poco, en una de mis últimas correspondencias, os decía que es la Universidad de Santiago de Compostela donde he encontrado más libros americanos, y me han enterado después de que ello es obra de un hombre meritísimo, de don Gumersindo Busto, escribano en esa ciudad de Buenos Aires, que en 1904 fundó la Biblioteca América para dicha universidad. Y he sabido que los compostelanos apenas han hecho nada en pro de esa obra, si es que no la miran con fastidio. El señor Busto solicitó del Ministerio de Instrucción Pública la concesión de una sala para instalar su biblioteca y lleva más de tres años gestionando la concesión del flete gratis para transportar a Santiago el caudal de libros americanos que posee. ¡Ni gratis quieren aquí esos libros! El señor Busto debía proseguir en su tarea sin desmayar por este ambiente de hosca indiferencia. Años llevo yo recomendando a unos y otros, ya pública, ya privadamente, la lectura de cierto número de obras hispanoamericanas, y a pesar del resultado relativamente pobre que he obtenido, persisto en mi labor. Y es que hay desconfianza, mucha desconfianza. ¡Se les ha dado tantas veces gato por liebre!

Parte de la culpa tiene el hiperbolismo hispano americano, que tantas veces nos ha presentado como a genios a escritores no más que pasaderos, si es que no mediocres y aun disparatados. Y cuando la hipérbole procede de espíritu de secta, de catarro, de conventículo o de partido político es ya cosa insoportable. Recuerdo que se me recomendó como el más grande de los sociólogos de todos los tiempos y países a cierto escritor dominicano, que no pasaba de discreto. Y cualquier mozo que se haya dado un atracón de los tomos de la *Bibliotheque philosophique*, de Alcan, y hable de ciencia a troche y moche se nos quiere hacer pasar por un espíritu luminoso y archimoderno muy por encima de esta tenebrosa y arcaica España, donde no hemos salido, según creen, de la lobriguez escolástica medieval y donde a muchos mentecatos se les antoja que no hemos llegado ni siquiera a Gustavo Lebon, pongo por proveedor de modernidades sociológicas. Sí, se han dado muchos chascos.

Y vuelvo a Darío. Quien en 9 de enero de 1902 vol. vía a escribirme quejándose de la dificultad de obtener en París publicaciones españolas, lo que ha cambiado no poco desde entonces y ha de cambiar más aún después de la guerra, que está enseñando a los pueblos lo que les conviene estudiarse unos a otros. En la misma carta me hablaba de un prólogo mío a un libro de Manuel Ugarte y de no sé qué floretazos que decía me dirigió entonces François de Nion en *La Prensa* de Buenos Aires. Agregaba que suponía respondería yo a ellos, añadiendo: «Tiene para ello su buena y probada espada española». Y luego: «Mucho le agradeceré me escriba sobre este asunto en que es probable que yo tome también parte». Y no, no contesté a aquello que Rubén llamaba floretazos, y contesté a ellos por la sencilla razón de que no llegaron a mí, no los leí. Gusto poco de contestar a las censuras que se me dirigen y a las veces ni las leo. Si fuera a tomarlas todas en cuenta, no me quedaría tiempo para más. Creo, además, que las batallas debe darlas uno cuándo, dónde y cómo le convenga y no ni cuándo, ni dónde, ni cómo le convenga al adversario.

Esta carta de Rubén fue a los cuatro meses de mi clamoroso discurso de Bilbao sobre la cuestión del vascuense, y el poeta me escribía: «Veo que sus compatriotas de Buenos Aires no le perdonan sus conceptos sobre el vascuense. Quizá no le han comprendido muy bien su hermoso discurso de los juegos florales». No, es que no quisieron comprenderlo. Porque aquellos mismos mis paisanos que protestaron en Bilbao contra mis conceptos, es porque sabían que era rigurosamente exacto lo que dije, que el vascuense no es lengua de cultura, ni hay tiempo y modo de hacerla ya tal y que desaparece, y que a nosotros, los vascos, nos conviene pensar en otra lengua, en español los unos, en francés los otros. Lo que yo dije es lo que para dentro de su pecho pensaban todos. Todos los que piensan allí en mi tierra vasca, que son los más. Porque a los fanáticos del bizkaitarrismo no se les puede tomar en serio.

Ahora, con motivo de una carta de don Antonio Maura, como presidente que es de la Real Academia Española de la Lengua, pidiendo al Ministro de Instrucción Pública que haga respetar el derecho de la lengua nacional castellana a ser la única usada en documentos oficia les, se ha levantado un cierto clamorero en Cataluña, y alguno, muy pequeño, en mi país vasco. Dejo ahora de lado lo de Cataluña y contrayéndome a mi tierra natal, donde hoy son muchos más los que no saben que los que saben vascuense, diré que el empleo oficial del viejo eusquera es un verdadero desatino. Hace algún tiempo se le ocurrió a algún abogado de San Sebastián el descabellado propósito de pedir al Gobierno que se le permitiese informar, ante los jurados, en vascuense. Y el ministro se lo concedió, pero obligándole a no emplear palabra alguna de origen castellano y mucho menos de esa disparatada y ridícula jerga artificial —una especie de volapük o esperanto— que los bizkaitarras han fraguado, so pena de una fuerte multa por cada palabra de esas que se le escapara.

El problema de las lenguas regionales es clarísimo en España. Bien está que no se las persiga como en Alemania, v. gr., se las persigue, pero tampoco que se les dé valor oficial. Tienen un valor sentimental y abandonadas a sí mismas acabarán por perecer, como hasta el catalán, aunque otra cosa parezca y a despecho de la galvanización literaria que está fraguando dentro de la lengua viva catalana un dialecto erudito y artificioso como era el provenzal de Mistral. La prensa en lengua catalana lleva en Barcelona vida más lánguida que la prensa en castellano.

Para que mis lectores argentinos juzguen de lo que sería declarar la oficialidad del vascuense, piensen lo que les parecería si a algunos correntinos o chaqueños o de la gobernación de Formosa se les ocurriera pedir que se declare el guaraní lengua oficial. Ni en el Paraguay si quiera, que yo sepa, ha surgido semejante ocurrencia. Y eso aunque los jesuitas emplearon el guaraní, y lo escribieron para catolizar esas tierras. O acaso para descatolizadas en el sentido de que católico quiere decir universal, esto es: para desuniversalizarlas, para cerrarlas y localizarlas como un muralla chinesca espiritual. Por lo menos es cosa sabida que nuestros frailes españoles ponían muy poco empeño en difundir el castellano en Filipinas y no falta párroco frailesco que estimara que no convenía que los indios filipinos aprendiesen una lengua en que podían llegarles gérmenes de heterodoxia y de liberalismo. Y en cambio, el creador espiritual de la independencia filipina, el padre de la patria, José Rizal, escribió en castellano sus obras, su *Noli me tangere* y aquella su poesía *Último pensamiento*, que escribió la víspera de ser fusilado. Podrá en Filipinas al castellano que todavía en muchísimas partes se habla, llegar a sustituir el inglés, que lo dudo —el tagalo me parece casi imposible, o el bisaya—, pero aquel canto del padre de la patria resonará en castellano. En castellano sonará el

> Adiós, patria adorada, región del Sol querido,
> perla del mar de Oriente, nuestro perdido edén.

En castellano se despidió Rizal de su patria.

> ¡Mi patria idolatrada, dolor de mis dolores,
> querida Filipinas, oye el postrer adiós!
> Ahí te dejo todo: mis padres, mis amores,
> voy a do no hay esclavos, verdugos ni opresores,
> donde la fe no mata, donde el que reina es Dios!

En este su último canto decía el poeta tagalo, padre de la patria filipina, que, cuando olvidada su tumba, se esparzan su cenizas, cruzará, sí, su polvo, la atmósfera, los campos, los valles de su querida Filipinas, y

> vibrante y limpia nota seré para tu oído;
> aroma, luz, colores, rumor, canto, gemido,
> constante repitiendo la esencia de mi fe!

Y esta nota vibrante y limpia será nota en lengua castellana. Como las notas de Rubén.

Porque Rubén, lo mismo que Rizal, tenía sangre en sus venas y en su espíritu, que no procedía de Europa, sangre que le venía de pueblos que vivieron y soñaron y sintieron el misterioso ambiente en Nicaragua, antes que allí abordaron los primeros hombres blancos. Rubén negaba ser americano en espíritu, y yo creo que era nicaragüense y que el alma indígena vivía en él, como expresó muy bien Rodó en su estudio. Y esa alma indígena —creo que chorotega, aunque acaso me equivoque, pues cito de memoria— se expresó en castellano. Como que es el castellano el que les ha dado a no pocos de esos pueblos la conciencia de su propio espíritu. Y es en castellano, o en francés, como el alma vasca ha de aprender a conocerse.

Otra de las cartas que me escribió Rubén es de 10 de septiembre —él escribía septiembre— de 1904, y en ella me hablaba de «un feo y tonto libro chileno del señor Vicuña Subercaseaux», que yo puse en solfa.

Pero de la docena de cartas que de él, como reliquia, guardo, hay una escrita desde París el 5 de setiembre de 1907 que es un documento de capital importancia para el conocimiento del poeta, que en ella desnudó su alma, un alma infantil, noble, cándida y pura. Es una carta en que me pedía alguna palabra de benevolencia para sus esfuerzos de cultura —diciendo, y era verdad que una consagración de la vida como la suya merecía alguna estimación. El último párrafo decía así:

«La independencia y la severidad de su modo de ser le anuncian para la justicia. Sobrio y aislado en su felicidad familiar debe comprender a los que no tienen tales ventajas. Usted es un excelente director. Sus preocupaciones sobre los asuntos eternos y definitivos le obligan a la justicia y a la bondad. Sea, pues, justo y bueno».

Salamanca, febrero de 1916.

La Nación, Buenos Aires, 10 de mayo, 1916.

Carta autógrafa a Rubén Darío, X-1907

Lo de siempre, mi querido amigo: ya le han ido a usted con el cuento de lo que yo haya podido decir de des agradable para usted y en cambio no le habrán contado lo demás. Si yo fuese otro me pondría a explicar eso de las plumas y a justificarlo como relativo elogio recordando algo muy exacto que de usted escribió el amigo Rodó. Sí, le diré que en usted prefiero lo nativo, lo de abolengo, lo que de un modo o de otro puede ahijarse con viejos orígenes indígenas a lo que haya podido tomar de esa Francia que me es tan poco simpática y aun de esta mi querida España. Pero basta de eso.[22]

Su carta la tomo como lección y la acepto. Y le añado que tiene usted razón. Ahora que empiezo a ver que seré viejo —y una larga vejez pido a Dios— doy en ahondar de vez en cuando en los frutos espirituales que me ha dado mi natural, no ya severo, sino duro y desdeñoso. Con los años se va encorvando dentro de mí el inquisidor calvinista, descontentadizo y áspero, que siempre he llevado en lo más íntimo.

De usted —como de mí— se habla mucho y casi siempre, creo, al buen tun tun y dentro del terrible dilema de: o bombo, o palo. O se le exalta o se le deprime sin medida ni juicio. Pero esto no es malo. En la dedicatoria de un libro me puso usted: «con admiración sincera pero restringida», y yo comenté: toda admiración si es sincera es restringida, y si no es restringida o es insincera o es ininteligente.

Yo quisiera escribir con sosiego sobre usted y su obra, y muy en especial sobre su influencia, que es indudable ha sido enorme, en las letras hispanoamericanas y españolas. Me armaría para ello de toda mi serenidad procurando hacer algo doctrinal y a la vez poética. Con el triunfo —pues me considero ya triunfador— se me van apagando los instintos de lucha.

Otra cosa. Si no le he enviado mis *Poesías* antes ha sido pura y sencillamente por ignorar su paradero. Yo soy un hombre estadizo y con residencia fija, y usted anda errante. Pero ahora que sé dónde para, salen a buscarle. Y nada le digo de ellas.

---

22 En carta autógrafa con fecha de 5 de septiembre de 1907, Darío escribió a Unamuno, «Mi querido amigo: Ante todo, para una alusión. Es con una pluma que me quito debajo del sombrero con la que le escribo». Ver Rubén Darío, *Epistolario* (Buenos Aires, Agencia General de Librería, 1920), págs. 38-39.

Acabo de leer en *La Nación* lo que escribe usted sobre la leyenda de Verlaine. Apenas conozco nada de su vida fuera de las poesías. Me parece usted justo, y las leyendas de artistas pura fantasía en su mayor parte.

Tengo de usted sus últimas cosas y sus libros en prosa; no tengo ni *Prosas profanas* ni *Azul*.

Basta por hoy. El saber de usted más a menudo me vendrá bien. Yo estimo en más que usted puede creer, su genio poético —aun siendo él tan contrario a muchas de mis aficiones— pero acaso estimo más aún su carácter, aunque bien mirado, de éste fluye aquél.

En fin que no sé bien lo que me digo.

Le tiende leal y francamente la mano de amigo cordial,

Miguel de Unamuno

Manuel García Blanco: *América y Unamuno*, Madrid, Gredos, 1964, págs. 62-63.

¡Hay que ser justo y bueno, Rubén!

Pauvre Lelian!, se dijo de Verlaine, y Rubén lo recordaba.

¡Pobre Rubén!, digo yo ahora. Porque este otro niño gran de era también, como aquél, bueno, entrañadamente bueno. Débil, entrañadamente débil. No podía consigo mismo. Y paseó por ambos mundos su pavor ante el misterio y su insaciable sed de reposo para ir a morir junto a su cuna, él, el hombre de todos los países cuya patria no era de este mundo.

Conocí y traté a Rubén; no lo bastante. Conservo de él una docena de cartas, en alguna de las cuales se ve al hombre. Fue quien me llevó a *La Nación*, de Buenos Aires, en que colaboro hace años.

Quiero ahora aquí, como ofrenda al hombre, comentar una de esas cartas.

Con esta lengua que el demonio nos ha dado a los hombres de letras dije una vez delante de un compañero de pluma que a Rubén se le veían las plumas —las de indio— debajo del sombrero; y el que me lo oyó, ni corto ni perezoso, esparció la especie, que llegó a oídos de Darío. Y éste, poco después, el 5 de setiembre de 1907, me escribía desde París: «Mi querido amigo: Ante todo, para una alusión. Es con una pluma que me quito debajo del sombrero con la que le escribo. Y lo primero que hago es quejarme de no haber recibido su último libro. Podrá haber diferencias mentales entre usted y yo, pero...» No copio lo que sigue, pues no quiero aparecer haciéndome el propio artículo ante la muerte, aún fresca y palpitante de pena, del óptimo poeta y hombre mejor.

Seguía luego la carta así: «Mas yo quisiera también de su parte alguna palabra de benevolencia para mis esfuerzos de cultura». Tampoco debo copiar lo que sigue, y que a mí se refiere, hasta que dice: «Y en cuanto a lo que a mí respecta, una consagración de vida como la mía merece alguna estimación». ¿Alguna estimación? ¿Nada más que alguna estimación? ¡Noble Rubén! ¡Con qué dignidad, con qué nobleza se quejaba de una conducta que, en verdad, no debí haber para con él seguido!

¡No, no fui justo ni bueno con Rubén; no lo fui! No lo he sido acaso con otros. Y él, Rubén, era justo y era bueno.

Era justo; capaz, muy capaz de comprender y de gustar las obras que más se apartaban del sentido y el tono de las suyas; capaz, muy capaz de apreciar los esfuerzos en pro de la cultura que iban por caminos los, al parecer, más opuestos a los suyos. Tenía una amplia universalidad, una profunda liberalidad de criterio. Era benévolo por grandeza de alma, como lo fue antaño Cervantes. ¿Sabía que él se afirmaba más afirmando a los otros? No, ni esta astucia de fino egoísmo había en su benevolencia. Era justo, esto es, comprensivo y toleran te, porque era bueno.

Aquel hombre, de cuyos vicios tanto se habló y tanto más se fantaseó, era bueno, fundamentalmente bueno, entrañadamente bueno. Y era humilde, cordialmente humilde. Con la grande humildad que, a las veces, se disfraza de soberbia. Se conocía, y ante Dios —¡y hay que saber lo que era Dios para aquella suprema flor espiritual de la indianidad!— hundía su corazón en el polvo de la tierra, en el polvo pisado por los pecadores. Se decía algunas veces pagano, pero yo os digo que no lo era.

No descansó nunca aquel su pobre corazón sediento de amor. No de amar, sino de que se le amase. «Alguna palabra de benevolencia para mis esfuerzos de cultura.» Aún me resuena esta queja y reproche y demanda. ¡Que no era pedirme una limosna, no, no!, sino era pedirme una justicia. «Sea, pues, justo y bueno.»

Nadie como él nos tocó en ciertas fibras; nadie como él sutilizó nuestra comprensión poética. Su canto fue como el de la alondra: nos obligó a mirar a un cielo más ancho, por encima de las tapias del jardín patrio en que cantaban, en la enramada, los ruiseñores indígenas. Su canto nos fue un nuevo horizonte, pero no un horizonte para la vista, sino para el oído. Fue como si oyésemos voces misteriosas que venían de más allá de donde a nuestros ojos se junta el cielo con la tierra, de lo perdido tras la última lontananza. Y yo, oyendo aquel canto, me callé. Y me callé porque tenía que cantar, es decir, que gritar acaso, mis propias congojas, y gritarlas como bajo tierra, en soterraño. Y para mejor ensayarme me soterré donde no oyera a los demás.

¡Pobre Rubén! ¿Te llegarán tarde estas líneas de tu amigo que no quiere ser injusto ni malo? Nunca llegan tarde las palabras buenas. Dicen que la hora de la muerte es la de las alabanzas. Pero si éstas son sinceras y son justas, hasta vale la pena de morirse porque ante Dios y los hombres resuenen las alabanzas sinceras y justas. ¿Por qué en vida tuya, amigo mío, me callé tanto? ¡Qué sé yo...!, ¡qué sé yo...! Es decir, no quiero saberlo. No quiero penetrar en ciertos tristes rincones de nuestro espíritu. Pero tú, pobre Rubén, me estás diciendo desde tu reciente tumba: «Sea justo con los otros, con todos; sea bueno con los otros, con todos». Pero...

De tal modo se tapa uno los oídos para no oír a los demás.

La carta acababa así: «La independencia y la serie dad de su modo de ser le anuncian para la justificación. Sobrio y aislado en su felicidad familiar, debe comprender a los que no tienen tales ventajas. Usted es un espíritu director. Sus preocupaciones sobre los asuntos eternos y definitivos le obligan a la justicia y a la bondad. Sea, pues, justo y bueno. Ex todo carde, Rubén Darío».

Han pasado más de ocho años de esto; muchas veces esas palabras de noble y triste reproche del pobre Rubén me han sonado dentro del alma, y ahora parece que las oigo salir de su enterramiento aún mollar. ¿Fui con él justo y bueno? No me atrevo a decir que sí.

Quería alguna palabra de benevolencia para sus esfuerzos de cultura de parte de aquellos con quienes se creía, por encima de diferencias mentales, hermanado en una obra común. Era justo y noble su deseo. Y yo, arando solo mi campo, desdeñoso en el que creía mi espléndido aislamiento, meditando nuevos desdenes, seguí callándome ante su obra. ¿Fue esto justo y bueno? No me atrevo a decir que sí.

Él, por su parte, no se calló ante la mía. Ante mi obra poética, quiero decir. Cuando publiqué mi primer volumen de poesías lo mejor, sin duda, lo más cordial que sobre ellas se dijo, fue lo que dijo Rubén en un artículo de *La Nación* bonaerense.[23] No lo olvidaré nunca. Y las cartas que después me escribió fueron nobles, sinceras y dignas. Y es que aquel óptimo poeta era un hombre mejor.

Le acongojaban las eternas e íntimas inquietudes del espíritu y ellas le inspiraron sus más profundos, sus más íntimos, sus mejores poemas. No esas guitarradas que se suele citar cuando de su poesía se habla, eso de «la princesa está triste; ¿qué tendrá la princesa?», o lo del «ala eleve del leve abanico», que no pasan de leves cosquilleos a una frívola sensualidad acústica; versos de salón sin intensidad ninguna. Porque el pobre Darío tuvo la triste suerte de todos los que de verdad remueven y ahondan y renuevan, y es que de lo suyo adquiera más pronta y extensa boga lo menos suyo y lo

---

23   El artículo, «Unamuno, poeta», es de 1909.

más flojo. Si me hubiera dejado guiar por lo que de él me recitaban los que decían admirarle más, no le hubiese leído nunca. ¡Fortuna grande que le conocí y descubrí al hombre, y éste me llevó al poeta! Al indio —lo digo sin asomo de ironía; más bien con pleno acento de reverencia—, al in dio que temblaba con todo su ser, como el follaje de un árbol azotado por el cierzo,[24] ante el misterio. Pues para él era el mundo en que erró, peregrino de una felicidad imposible, un mundo misterioso.

«Sea, pues, justo y bueno». Esto me decía Rubén cuando yo me embozaba arrogante en la capa de desdén de mi silencioso aislamiento, de mi aislado silencio. Y esas palabras me llegan y que no le distraigan de sí mismo y le dejen así oír mejor la voz de sus entrañas, que acaba por no oírse ni a sí mismo. Y no comprende uno que esa voz que cree de sus entrañas es la voz de los otros, de aquellos a quienes no quiere oír, que por sus entrañas le llega.

Sí, buen Rubén, óptimo poeta y mejor hombre: éste tu huraño y hermético amigo, que debe ser justo y debe ser bueno contigo y con los demás, te debía palabras no de benevolencia, de admiración y de fervorosa alabanza, por tus esfuerzos de cultura. Y si Dios me da salud, tiempo y ánimo, he de decir de tu obra lo que —más vale no pensar por qué— no dije cuando podías oírlo. ¿Lo oirás ahora? Quisiera creer que sí.

¡Hay que ser justo y bueno, Rubén!

Summa, año II, n.º 11, Madrid, 15 de marzo, 1916, en: *Obras completas*, IV, págs. 998-1001.

---

24   Idéntica metáfora recurre en Abel Sánchez (1917), novela de la envidia hispánica, donde en el cap. VI, al contemplar la posibilidad de la muerte de su rival, al protagonista Joaquín Monegro «temblábale toda el alma como tiembla el follaje de una encina a la sacudida del huracán». *Obras completas*, II, pág. 701.

Libros a la carta

A la carta es un servicio especializado para

empresas,

librerías,

bibliotecas,

editoriales

y centros de enseñanza;

y permite confeccionar libros que, por su formato y concepción, sirven a los propósitos más específicos de estas instituciones.

Las empresas nos encargan ediciones personalizadas para marketing editorial o para regalos institucionales. Y los interesados solicitan, a título personal, ediciones antiguas, o no disponibles en el mercado; y las acompañan con notas y comentarios críticos.

Las ediciones tienen como apoyo un libro de estilo con todo tipo de referencias sobre los criterios de tratamiento tipográfico aplicados a nuestros libros que puede ser consultado en linkgua-digital.com.

Linkgua edita por encargo diferentes versiones de una misma obra con distintos tratamientos ortotipográficos (actualizaciones de carácter divulgativo de un clásico, o versiones estrictamente fieles a la edición original de referencia).

Este servicio de ediciones a la carta le permitirá, si usted se dedica a la enseñanza, tener una forma de hacer pública su interpretación de un texto y, sobre una versión digitalizada «base», usted podrá introducir interpretaciones del texto fuente. Es un tópico que los profesores denuncien en clase los desmanes de una edición, o vayan comentando errores de interpretación de un texto y esta es una solución útil a esa necesidad del mundo académico.

Asimismo publicamos de manera sistemática, en un mismo catálogo, tesis doctorales y actas de congresos académicos, que son distribuidas a través de nuestra Web.

El servicio de «libros a la carta» funciona de dos formas.

1. Tenemos un fondo de libros digitalizados que usted puede personalizar en tiradas de al menos cinco ejemplares. Estas personalizaciones pueden ser de todo tipo: añadir notas de clase para uso de un grupo de estudiantes,

introducir logos corporativos para uso con fines de marketing empresarial, etc. etc.

2. Buscamos libros descatalogados de otras editoriales y los reeditamos en tiradas cortas a petición de un cliente.